# 汽车自动变速器构造与检修

主　编　孙静霞　王永莉
副主编　冯益增　戴仲谋　许子阳
参　编　李松林　宋教华
主　审　王福忠

北京理工大学出版社
BEIJING INSTITUTE OF TECHNOLOGY PRESS

## 内容简介

《汽车自动变速器构造与检修》主要介绍汽车自动变速器的结构组成，并对其主要零部件及总成进行检修与故障诊断，包括七个学习任务：自动变速器概述、液力变矩器构造与检修、齿轮变速器构造与检修、自动变速器电子控制系统、自动变速器液压控制系统、自动变速器性能试验与常见故障诊断、双离合自动变速器。每个任务设计包括：工作情境描述、学习目标、知识准备、任务实施、拓展学习。

本教材通过理论与实践一体化教学，以小组合作或独立工作的形式，使用通用工具、检测专用工具、设备和汽车自动变速器维修技术资料等，按照标准规范对主要零部件及总成进行正确的检修。本教材可作为交通类高职高专院校汽车维修技术各专业教材使用，也可作为汽车行业岗位培训自学用书，同时还可供汽车维修人员阅读参考。

**版权专有　侵权必究**

### 图书在版编目（CIP）数据

汽车自动变速器构造与检修/孙静霞，王永莉主编．—北京：北京理工大学出版社，2019.7（2024.8 重印）

ISBN 978 – 7 – 5682 – 7304 – 6

Ⅰ.①汽⋯　Ⅱ.①孙⋯　②王⋯　Ⅲ.①汽车－自动变速装置－构造②汽车－自动变速装置－车辆修理　Ⅳ.①U472.41

中国版本图书馆 CIP 数据核字（2019）第 151644 号

| | | | | |
|---|---|---|---|---|
| **责任编辑**：封　雪 | | **文案编辑**：毛慧佳 | | |
| **责任校对**：周瑞红 | | **责任印制**：李志强 | | |

| | |
|---|---|
| 出版发行 / | 北京理工大学出版社有限责任公司 |
| 社　　址 / | 北京市丰台区四合庄路 6 号 |
| 邮　　编 / | 100070 |
| 电　　话 / | （010）68914026（教材售后服务热线） |
| | （010）68944437（课件资源服务热线） |
| 网　　址 / | http://www.bitpress.com.cn |
| 版 印 次 / | 2024 年 8 月第 1 版第 4 次印刷 |
| 印　　刷 / | 廊坊市印艺阁数字科技有限公司 |
| 开　　本 / | 787 mm×1092 mm　1/16 |
| 印　　张 / | 12.5 |
| 字　　数 / | 289 千字 |
| 定　　价 / | 39.00 元 |

**图书出现印装质量问题，请拨打售后服务热线，负责调换**

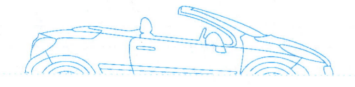 

为了贯彻国务院《关于大力推进职业教育改革与发展的决定》（国发〔2005〕35 号）和教育部《关于全面提高高等职业教育教学质量的若干意见》（教高〔2006〕16 号）文件精神，积极推进课程改革和教材建设，紧密结合目前汽车维修行业的实际需求，本编写团队编写了本教材。

本教材从高等职业教育的要求出发，坚持以企业需求为依据，以培养学生能力为本位，以促进学生就业为导向，注重专业知识的前沿性和实用性，突出汽车专业领域的新知识、新工艺和新方法。本教材较系统地介绍了现代汽车自动变速器的主要部件及总成结构、检修方法、维护方法、常见故障诊断排除方法，语言通俗易懂，内容深入浅出，理论联系实际，部分视频、动画、拓展内容等可通过二维码链接进一步补充与强化，达到图文并茂的效果，有利于学生理解与学习。

本教材由山东交通职业学院孙静霞、王永莉任主编，冯益增、戴仲谋、许子阳任副主编。其中，孙静霞编写了学习任务 5 和学习任务 7；王永莉编写了学习任务 2；许子阳编写了学习任务 1；冯益增编写了学习任务 4 和学习任务 6；戴仲谋编写了学习任务 3。山东交通职业学院王福忠教授担任本教材主审。山东潍坊国信大众汽车销售服务有限公司技术经理李松林和烟台工程职业技术学院宋教华也参与了本教材的编写，并对全教材进行了审阅。

本教材是 2019 年山东省职业教育教学改革研究项目的一项研究成果，立项编号 2019655。

由于编者水平有限，加之时间仓促，教材中难免存在不少缺点和错误，恳请广大读者批评指正。

编　者

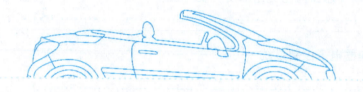

# 目录

**学习任务 1　自动变速器概述** ········ 001

　一、知识准备 ········ 001
　　（一）自动变速器的分类 ········ 001
　　（二）自动变速器的基本组成和工作原理 ········ 003
　　（三）自动变速器变速杆的使用 ········ 005
　　（四）自动变速器的正确使用 ········ 006
　二、任务实施 ········ 007
　　任务　自动变速器的认知 ········ 007
　三、拓展学习 ········ 009

**学习任务 2　液力变矩器构造与检修** ········ 011

　一、知识准备 ········ 011
　　（一）液力变矩器的功用和组成 ········ 011
　　（二）液力变矩器的工作原理 ········ 014
　　（三）典型液力变矩器 ········ 017
　　（四）液力变矩器的检修 ········ 019
　二、任务实施 ········ 020
　　任务　液力变矩器的结构认识与检修 ········ 020
　三、拓展学习 ········ 026

**学习任务 3　齿轮变速器构造与检修** ········ 028

　一、知识准备 ········ 028
　　（一）行星齿轮变速器的基本原理 ········ 028
　　（二）自动变速器换挡执行元件的结构与检修 ········ 032
　　（三）典型行星齿轮自动变速器的构造与工作原理 ········ 034

（四）齿轮变速器的检修 ·················································· 044

　二、任务实施 ·························································· 045

　任务　大众01M自动变速器齿轮变速器的拆装与检修 ·················· 045

　三、拓展学习 ·························································· 053

## 学习任务4　自动变速器电子控制系统 ·································· 060

　一、知识准备 ·························································· 060

　　（一）电子控制系统的基本组成与工作原理 ····················· 060

　　（二）传感器 ······················································ 061

　　（三）执行器 ······················································ 065

　　（四）电子控制单元 ·············································· 066

　　（五）自动变速器电子控制系统检测 ····························· 068

　二、任务实施 ·························································· 069

　任务　电子控制系统检修与故障诊断 ····························· 069

　三、拓展学习 ·························································· 075

## 学习任务5　自动变速器液压控制系统 ·································· 079

　一、知识准备 ·························································· 079

　　（一）液压控制系统的基本组成和原理 ··························· 079

　　（二）油泵 ························································ 080

　　（三）自动变速器液压控制系统 ··································· 082

　　（四）液压控制系统的检修 ······································· 094

　二、任务实施 ·························································· 095

　任务5.1　油泵的拆装与检修 ······································· 095

　任务5.2　自动变速器阀体的拆装与检修 ························· 100

　三、拓展学习 ·························································· 104

## 学习任务6　自动变速器性能试验与常见故障诊断 ····················· 105

　一、知识准备 ·························································· 105

　　（一）自动变速器免拆维护 ······································· 105

　　（二）自动变速器基本检查 ······································· 107

　　（三）自动变速器的性能测试 ····································· 113

　　（四）自动变速器故障诊断 ······································· 117

　二、任务实施 ·························································· 119

　任务6.1　自动变速器基本检查 ····································· 119

　任务6.2　自动变速器性能测试 ····································· 124

三、拓展学习 …………………………………………………………………… 130

**学习任务 7　双离合自动变速器**　131

一、知识准备 …………………………………………………………………… 131

（一）双离合自动变速器的概述 ……………………………………… 131

（二）大众 0AM 双离合自动变速器 ………………………………… 132

二、任务实施 …………………………………………………………………… 141

任务 7.1　在台架上进行大众 0AM 双离合自动变速器中双离合器的
更换 ……………………………………………………………… 141

任务 7.2　大众 0AM 双离合自动变速器机电控制单元的更换 ……… 145

三、拓展学习 …………………………………………………………………… 149

（一）无级变速器概述 ………………………………………………… 149

（二）无级变速器的组成和工作原理 ………………………………… 150

**参考文献** ………………………………………………………………………… 151

# 学习任务 1
## 自动变速器概述

故障现象：装有自动变速器的汽车在行驶过程中，每次换挡的瞬间发动机转速不升反降；而一旦在换挡的瞬间发动机转速不再下降，就会发生换挡冲击。

原因分析：自动变速器电子控制系统对换挡冲击的防范，主要是由变速器转速传感器向发动机电子控制单元提供换挡信号，然后发动机电子控制单元在换挡瞬间推迟点火提前角，降低发动机转速，进而降低油泵油压和主油压，使离合器和制动器接合速度放缓，从而达到防止换挡冲击的目的。每次换挡的瞬间发动机转速下降，就表明电控系统对换挡冲击的防范系统可正常工作。所以换挡的瞬间发动机转速不再下降，就应该检查变速器转速传感器和线束的电阻值，如果电阻值过低，则必须更换转速传感器。

1. 自动变速器的分类；
2. 自动变速器的基本组成和工作原理；
3. 自动变速器变速杆的使用；
4. 自动变速器的正确使用。

### 一、知识准备

自动变速器是相对于手动变速器而言的，它可以根据汽车的实际行驶状况自动切换至合适的挡位。自动变速器的主要作用就是改变发动机输出转矩的变化范围，然后再输出到驱动轮上。

#### （一）自动变速器的分类

世界各汽车制造厂家生产的自动变速器形式繁多，结构上也各有特点，但其工作原理和基本功能大同小异。目前使用的自动变速器按照传动方式及控制原理的不同可分为 AT、AMT、CVT 和 DCT 四种。

**1. AT（液力自动变速器）**

AT（液力自动变速器）使汽车驾驶中离合器的操纵和变速器的操纵都实现了自动化，如图 1-1 所示。目前自动变速器的自动换挡等过程都是由自动变速器的电子控制单元控制的，因此自动变速器又可简称为 EAT、ECAT、ECT 等。

优点：AT 避免了频繁换挡，使开车变得简单省力，而且经过多年的发展，AT 的生产成本已经相当低。当前 AT 的挡位越来越多，由以前的 4AT 发展到现在的 8AT，从性能上说，自动变速器的挡位越多，汽车在行驶过程中也就越平顺，加速性也就越好，而且更加省油。

缺点：AT 的动力响应不够直接，这使它在"驾驶乐趣"方面稍显不足。此外，由于采用液力传动，因此自动变速器传递的动力有所损失，相对油耗较大。

### 2. AMT（机电液一体化自动变速器）

AMT（机电液一体化自动变速器）如图 1-2 所示。它是在原有手动、有级、普通齿轮变速器的基础上增加了电子控制系统来自动控制离合器的接合、分离和变速器挡位的变换，以达到自动切换挡位的目的。

图 1-1　AT（液力自动变速器）

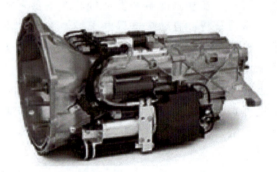

图 1-2　AMT（机电液一体化自动变速器）

优点：AMT 既具有普通自动变速器自动变速的优点，又保留了原手动变速器齿轮传动的高效率、低成本、结构简单、易于制造的长处。

缺点：在车辆行驶过程中，AMT 因挡位变动引起的顿挫感较强，舒适性较差，换挡过程中有可能出现动力中断。

发展前景：在国内乘用车当中，AMT 目前只应用于一些 A0（小型乘用车）级别的车型，而在商用车上的普及速度比乘用车快。AMT 应用的代表车型有奇瑞 QQ、威志、两厢新赛欧。

### 3. CVT（无级自动变速器）

CVT（无级自动变速器）如图 1-3 所示。CVT 采用传动带和可变槽宽的棘轮进行动力传递，即当棘轮变化槽宽时，相应改变驱动轮与从动轮上传动带的接触半径进行变速，其传动带一般用皮质带、金属带和金属链等来实现传动比的连续改变。

优点：CVT 的动力输出是线性的，驾驶平顺；CVT 传动的机械效率、省油率大大高于普通的自动变速器，仅次于手动变速器，燃油经济性要好得多。

缺点：CVT 传动的钢带能够承受的力量有限，不过随着科技的进步，钢带承受能力的问题正在解决中，很快我们就可以看到在大排量高扭矩车型上装配 CVT 了。

代表车型有东风日产和本田，并且在轩逸、逍客、新天籁以及思域混合动力等车型上都有 CVT，名爵的 MG3 SW1.8L、奇瑞旗云等也都采用了 CVT 技术。

**4. DCT（双离合自动变速器）**

DCT（双离合自动变速器）如图 1-4 所示。双离合自动变速器结合了手动变速器和自动变速器的优点，没有使用液力变矩器，而是采用了两套离合器，通过两套离合器的相互交替工作来达到无间隔换挡的效果。

 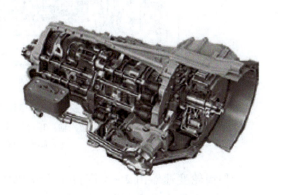

图 1-3　CVT（无级自动变速器）　　　　　图 1-4　DCT（双离合自动变速器）

优点：DCT 换挡舒适性更高，且能满足消费者对驾驶运动感和车辆节油的双重要求。双离合器可以使变速器两个挡位同时啮合，换挡速度不到 0.2 s，比专业车手的手动变速还要快。

缺点：由于没有采用液力变矩器，又不能实现手动变速器"半联动"的动作，所以对小排量的发动机而言，低转速下扭矩不足的缺陷就会被完全暴露出来。大量电子元件的使用增加了故障出现的概率。

发展前景：DCT 是以大众集团为首的欧洲车系主推的一款新型自动变速器，合资车方面，代表车型有大众迈腾、斯柯达、朗逸；进口车方面，保时捷 Panamera、宝马 M3、法拉利、三菱 Eva、日产 GT-R、奔驰部分 AMG 车型都采用 DCT 技术。

### （二）自动变速器的基本组成和工作原理

**1. 基本组成**

自动变速器主要由液力变矩器、行星齿轮变速器、液压控制系统、电子控制系统以及冷却润滑系统组成，自动变速器的基本结构如图 1-5 所示。

（1）液力变矩器。

液力变矩器是一个通过自动变速器油（ATF）传递动力的装置，安装在发动机与变速器之间，将发动机的转矩传给变速器输入轴，相当于普通汽车上的离合器。

（2）行星齿轮变速器。

资源 1-1　其他类型自动变速器

资源 1-2　自动变速器基本组成

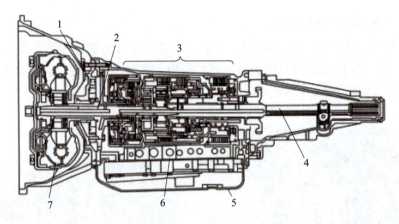

图1-5 自动变速器的基本结构
1—油泵；2—输入轴；3—行星齿轮变速器；4—输出轴；5—油底壳；
6—阀板总成；7—液力变矩器

行星齿轮变速器由2～3排行星齿轮机构组成，不同的运动状态组合可得到2～5种速比，组合成电控自动变速器不同的挡位。

（3）液压控制系统。

液压控制系统由油泵、各种控制阀及与之相连通的换挡执行元件（如离合器、制动器液压缸）等组成液压控制回路。在汽车行驶过程中根据驾驶人的要求和行驶条件的需要，通过控制离合器和制动器的工作状况来实现行星齿轮变速器的自动换挡。

（4）电子控制系统。

电子控制系统主要包括各类传感器及开关、电子控制单元（ECU）、执行器等。电子控制系统中的传感器及各种控制开关将发动机工况、车速等信号传递给电子控制单元，经ECU处理后发出控制指令给执行器，执行器和液压控制系统按一定规律控制换挡执行元件工作，实现自动变速器的自动换挡。

（5）冷却润滑系统。

ATF吸收齿轮传动过程中所产生的热量，从而导致油温升高，黏度下降，传动效率降低，因此必须对ATF进行冷却，保持油温在80～90℃之间。ATF是通过油冷却器与冷却水或空气进行热量交换的。变矩器的部分油液在泵轮、涡轮、导轮间循环后，经过散热器管路进入冷却散热器，然后再流回到变速器油底壳或进入润滑油道。

**2. 工作原理**

图1-6为电控自动变速器的组成和工作原理图，电控自动变速器通过各种传感器将发动机的转速、节气门开度、车速、发动机冷却液温度、ATF温度等参数信号输入ECU中，ECU根据这些信号，按照设定的换挡规律，向换挡电磁阀、油压电磁阀等发出动作控制信号，换挡电磁阀和油压电磁阀再将ECU的动作控制信号转变为液压控制信号，阀板中的各控制阀根据这些液压控制信号，控制换挡执行元件的动作，从而实现自动换挡。

资源1-3 自动变速器工作原理

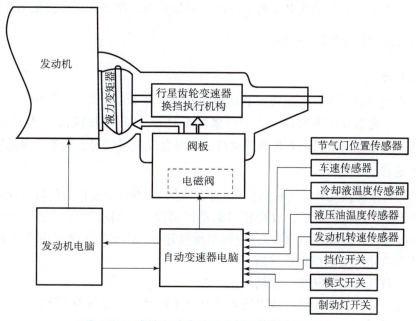

图1-6 电控自动变速器的组成和工作原理图

### (三) 自动变速器变速杆的使用

图1-7为自动变速器变速杆位置示意图，自动变速器变速杆具体功能如下：

图1-7 自动变速器变速杆位置示意图

P位：驻车挡。变速杆置于此位置时，驻车锁止机构将自动变速器输出轴锁止。

R位：倒挡。变速杆置于此位置时，液压系统倒挡油路被接通，驱动轮反转，实现倒向行驶。

N位：空挡。变速杆置于此位置时，机械变速器的齿轮机构空转，不能输出动力。

D位：前进挡。随着行驶条件的变化，在前进挡中自动升降挡，实现自动变速功能。

S位：运动模式。在这个模式下变速器可以自由换挡，但是换挡时机会延迟，使发动机在高转速上保持较长时间，即时输出大扭力，使车辆动力加大，使用其他的挡位就会稍差一些。

只有当变速杆置于 N 位或 P 位时，才能起动发动机，此功能靠空挡起动开关来实现。

### （四）自动变速器的正确使用

**1. 汽车起动**

（1）汽车起动时变速杆必须置于 P 位或 N 位。

（2）汽车在停放状态下起动，必须拉紧驻车制动，踩下制动踏板，然后旋转点火开关起动发动机。在没有制动状态下起动发动机，有时会发生瞬间起步现象，容易发生意外。

**2. 汽车起步**

汽车起动后须停留几秒钟再挂挡行车。换挡时必须查看变速杆的位置或仪表板上挡位指示是否确实无误。选定挡位后，放松驻车制动再缓慢放松制动踏板（过早放松制动踏板或放松制动踏板过快会造成急速起步），使汽车缓慢起步。汽车起步时应注意以下问题：

（1）不允许边踩加速踏板边挂挡。

（2）不允许先踩加速踏板后挂挡。

（3）不允许踩着驻车制动，或者还未松开驻车制动时就狠踩加速踏板。

（4）除特殊需要时，接通前进挡后不应立即把加速踏板踩到底。

**3. 拖车时注意事项**

使用自动变速器的汽车，拖车时必须低速行驶（不得超过 30~50 km/h），每次牵引距离不应过长（如不得超过 50 km）。高速长距离牵引时，自动变速器内的旋转件会因缺乏润滑而烧蚀并发生卡滞。

**4. 倒车时注意事项**

汽车完全停止后，把变速杆由 D 位换至 R 位。没有停稳时不允许从前进挡换入倒挡，也不允许从倒挡换入前进挡，否则会引起离合器和制动器损坏。

**5. 临时停车**

临时停车时，变速杆置于 D 位，只需用脚踩制动踏板防止汽车蠕动。这样放松制动踏板就可以重新起步但停车时间较长时，必须拉紧驻车制动。

**6. 利用节气门变化进行换挡**

（1）快速放松加速踏板实现提前升挡。汽车在 D 位 1 挡上起步，保持节气门开度为 20%~50%，加速到 15 km/h 时，快速放松加速踏板，变速器便可立即从 1 挡升入 2 挡；然后继续踩加速踏板，仍保持原有的节气门开度，加速到 30km/h 时，再次快速放松加速踏板，变速器便可以从 2 挡升入 3 挡；然后再用这种方法从 3 挡升入 4 挡。用快速放松加速踏板的方法完成升挡过程，乘坐舒适性好，换挡快。

（2）踩下加速踏板实现提前降挡。在汽车达到规定的降挡点车速时，稍踩加速踏板，即可实现降挡，并可获得和收加速踏板升挡时一样的效果。

**7. 挡位使用注意事项**

不要将变速杆置于 N 位上行驶。高速滑行时车速高，发动机却怠速运转，泊泵出油量减少，而输出轴上所有的零件仍在高速运转，会因润滑油不足而烧坏。低速挡属于发动机强制制动挡，L 挡或 1 挡通常只在泥泞道路和上坡时使用，不宜长期使用；2 挡通常在路面状况不佳或下长坡时使用，但也不宜长时间使用。

## 二、任务实施

### 任务　自动变速器的认知

**1. 任务说明**

自动变速器的认知。

**2. 技术标准与要求**

（1）辨识自动变速器的类型。
（2）辨识各类自动变速器的外观结构。

**3. 设备器材**

（1）配备多种自动变速器台架。
（2）配备多种自动变速器教具。

**4. 作业准备**

（1）准备自动变速器台架。　　　　　　　　　　　□ 任务完成
（2）准备自动变速器教具。　　　　　　　　　　　□ 任务完成
（3）准备作业单。　　　　　　　　　　　　　　　□ 任务完成

**5. 操作步骤**

辨识各种自动变速器的类型、结构。

①捷达辛普森式自动变速器如图 1-8 所示。

图 1-8　捷达辛普森式自动变速器

②日产千里马辛普森式自动变速器如图 1-9 所示。
③雪铁龙 AL4 辛普森式自动变速器如图 1-10 所示。
④大众 01M 拉维娜式自动变速器如图 1-11 所示。

图1-9 日产千里马辛普森式自动变速器

图1-10 雪铁龙AL4辛普森式自动变速器

图1-11 大众01M拉维娜式自动变速器

⑤大众0AM干式双离合自动变速器如图1-12所示。

图1-12 大众0AM干式双离合自动变速器

⑥无级自动变速器如图1-13所示。

图1-13 无级自动变速器

**6. 记录与分析**

任务　自动变速器的认知作业记录单

| 基本信息 | 班级 | | 姓名 | | 学号 | |
|---|---|---|---|---|---|---|
| | 设备型号 | | 任务名称 | | 日期 | |
| 自动变速器的认知 | 变速器类型 | | | 部件名称、作用 | | |
| | | | | | | |
| | | | | | | |
| | | | | | | |
| | | | | | | |
| | | | | | | |
| 课后思考 | | | | | | |

### 🔹 三、拓展学习

## 顺序换挡自动变速器（SMG）

1997年，顺序换挡自动变速器（Sequential Manual Gearbox，SMG）在宝马赛车上首次应用，SMG设有手动（S）和自动（A）两种换挡模式，在驾驶过程中两种模式可以随时切换。当选用自动模式时，它就是一台自动变速器，可以自动准确地选择换挡点，换挡过程非常平顺，没有冲击；当选用手动模式时，将变速杆向前推一下就上一个挡，向后拉一下就降一个挡，如果不动变速杆，即使将加速踏板踩到底，也不会升挡，这时它完全就是一台手动变速器，为了方便操控，在转向盘上还设有一个手动换挡系统。

**1. SMG 的特点**

（1）驾驶逻辑控制系统会根据驾驶员的驾驶习惯来控制变速器的换挡，总共可以记住 11 种换挡模式。

（2）SMG 没有液力变矩器，也不需要离合器踏板。

（3）仪表板上有换挡指示灯，它会根据车速和发动机转速提醒驾驶员在最佳换挡点换入最合适的挡位。

（4）当驾驶员降挡时，发动机会自动提高相应的转速，以保证换挡平顺。

（5）SMG 的换挡非常简单和快捷，不用记住现在使用的是哪个挡位，只要知道现在需要升挡还是降挡就行，并且只需将变速杆前推或后拉就可以完成换挡任务。

（6）在 SMG 的操作中，不会发生挂错挡位的问题，而手动变速器的变速杆位置一般布置成 H 形，2 挡和 4 挡的位置很近，在应该挂 4 挡时容易错挂进 2 挡。

**2. SMG 的结构和工作原理**

SMG 由一台普通的齿轮变速器、一套自动换挡机构和电子离合器组成。左边一半是普通齿轮的平行轴式齿轮变速器，右边一半是比较复杂的自动换挡机构，主要是由拨叉伺服器和选位伺服器组成，伺服器一般采用电动机或者液压马达，拨叉伺服器用来推拉拨叉，选位伺服器用来选择工作所需的拨叉。SMG 的工作和手动变速器的工作非常相似，只是把原来人工控制的踩离合器、退挡、进挡和松离合器的工作都交给了由计算机控制的电子离合器和自动换挡机构。为了提高变速器换挡的准确程度，在第二代 SMG 上采用了一个换挡转换毂，换挡转换毂的前端带有锥齿，用来驱动换挡转换毂的旋转，在换挡转换毂的外圆表面上有 3 条特殊槽，分别控制在槽内的 3 个拨叉。

换挡时，只要转动换挡转换毂，3 个拨叉就会随着换挡转换毂的转动而同时前后移动，实现换挡和升挡的任务。所以换挡转换毂上槽的设计非常重要，由于要通过换挡毂，因此第二代 SMG（SMG Ⅱ）的换挡是有顺序地一挡一挡进行的，比如要从 1 挡换到 3 挡，必须向前推变速杆 2 次，使换挡转换毂转动 2 个 50°，然后再换入 3 挡，降挡也是如此。由此可见，第二代 SMG 不可以跳跃换挡，必须按顺序进行换挡，所以第二代 SMG 也被称为顺序换挡自动变速器。

# 学习任务 2
## 液力变矩器构造与检修

故障现象：一辆装有自动变速器的轿车，出现起步无力的故障。

原因分析：造成车辆起步无力的故障原因主要有两个：一是发动机动力不足；二是自动变速器故障。在装配了自动变速器的车辆中，发动机的动力不是直接传入变速器的，而是通过液力变矩器将动力传递给变速器。液力变矩器整体是一个密封体，目前一般不对液力变矩器进行修理。在维修时可通过分析判断总成是否故障，也可将液力变矩器从车上拆下，通过一些简单的试验或检查方法判断液力变矩器的状况，如发现问题，再进行更换。

1. 描述液力变矩器的功用和组成；
2. 描述液力变矩器的工作过程；
3. 描述锁止液力变矩器的结构及工作原理；
4. 能够进行液力变矩器的检修。

## 一、知识准备

### （一）液力变矩器的功用和组成

**1. 安装位置**

液力变矩器的安装位置在变速器和发动机之间，如图 2-1 所示。泵轮和壳体通过螺栓直接连接在发动机曲轴的驱动盘上，涡轮通过花键连接在变速器的输入轴上，液力变矩器壳的后端装入变速器油泵内以驱动油泵。

**2. 功用**

液力变矩器以自动变速器油（ATF）为工作介质，将发动机的动力传递给自动变速器中的行星齿轮变速器，并具有一定的自动变速功能。其主要功用如下：

（1）传递转矩。发动机的转矩先通过液力变矩器的主动元件，再通过 ATF 传给液力变矩器的从动元件，最后传给变速器的变速传动系统。

（2）无级变速。根据工况的不同，液力变矩器可以在一定范围内实现转速和转矩的无级变化。

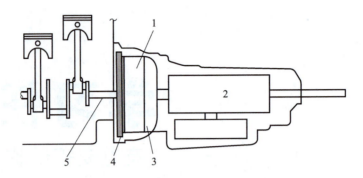

图 2-1 液力变矩器的安装位置

1—液力变矩器；2—行星齿轮变速器；3—机油泵；4—驱动端盖；5—曲轴

（3）自动离合。液力变矩器由于采用了 ATF 传递动力，当踩下制动踏板时，发动机也不会熄火，此时相当于离合器分离；当抬起制动踏板时，汽车可以起步，此时相当于离合器接合。

（4）驱动油泵。ATF 在工作时需要油泵提供一定的压力，而油泵一般是由液力变矩器壳体驱动的。

由于采用了 ATF 传递动力，液力变矩器的动力传递柔和，且能防止变速传动系统过载。

**3. 基本组成**

液力变矩器通常由泵轮、涡轮和导轮三个元件组成，称为三元件液力变矩器，其结构如图 2-2 所示，还有一个单向离合器和一个锁止离合器。泵轮与变矩器壳体焊接在一起，随发动机飞轮一同转动，是液力变矩器的主动部分；涡轮和输出轴连接在一起，是液力变矩器的从动部分；导轮则位于泵轮和涡轮之间，通过单向离合器单向固定在变速器壳体上。

资源 2-1 液力变矩器组成

图 2-2 液力变矩器的结构

1—泵轮；2—导轮；3—涡轮；4—离合器总成；5—前壳体；6—花键；7—单向离合器；8—驱动轮

液力变矩器总成封在一个钢制壳体（变矩器壳体）中，内部充满 ATF。泵轮与变矩器壳体连成一体，变矩器壳体用螺栓固定在飞轮上，所以泵轮是随曲轴一起转动的主动部件。泵轮内沿径向装有许多带一定曲率的叶片，叶片内缘装有让 ATF 平滑流过的导环，泵轮轴上有驱动油泵的凹槽，泵轮的构造如图 2-3 所示。当泵轮随发动机旋转时，在离心力的作用下,液体沿叶片和导环形成的通道流动。

涡轮安装在变矩器壳体内,与泵轮有 3~4 mm 距离,在增矩工况时悬空布置被泵轮驱动旋转;在锁止工况时与离合器压盘锁到一起,与变矩器壳体同步旋转。涡轮中心的花键孔连接自动变速器的输入轴。涡轮的构造如图 2-4 所示,与泵轮一样,涡轮壳体内也装有许多带一定曲率的叶片,呈辐射状分布,方向与泵轮叶片的弯曲方向相反。叶片上有导流环,ATF 沿叶片与导流环形成的通道从外向内流动。在 ATF 的冲击下,涡轮开始旋转,从而通过涡轮中心花键带动自动变速器的输入轴转动,将动力输出。

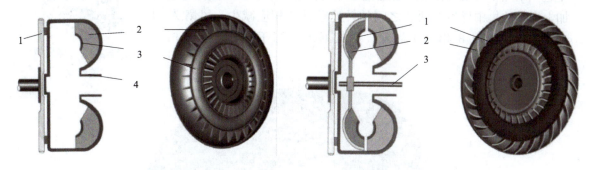

图 2-3 泵轮的构造
1—驱动盘;2—泵轮叶片;3—泵轮导环;
4—泵轮轴

图 2-4 涡轮的构造
1—涡轮导环;2—涡轮叶片;
3—变速器输入轴

导轮位于泵轮与涡轮之间,上面也带有许多带一定曲率的叶片,导轮的结构如图 2-5 所示。单向离合器支承在固定套管上,使得导轮只能单向(顺时针)旋转,当来自涡轮的 ATF 冲击导轮叶片表面时,单向离合器将导轮固定,导轮叶片使液流方向改变,被改变了方向的液流冲击泵轮片,促进泵轮转动,从而达到增加转矩的目的。

单向离合器的外座圈与导轮叶片连接在一起,内座圈通过花键与变速器壳体上的导轮轴连接,而导轮轴与变速器机油泵盖连接,因为机油泵盖固定在变速器壳体上,所以单向离合器内圈不能转动。单向离合器连接关系如图 2-6 所示。

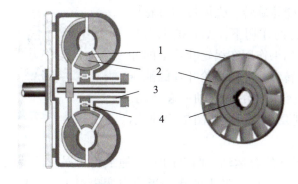

图 2-5 导轮的结构
1—导轮导环;2—导轮叶片;
3—导轮轴;4—单向离合器

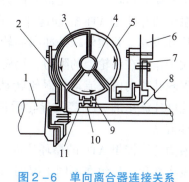

图 2-6 单向离合器连接关系
1—曲轴;2—飞轮;3—涡轮;4—导轮;5—泵轮;
6—变速器壳体;7—油泵盖;8—导轮轴;
9—单向离合器外座圈;10—单向离合器楔块;
11—单向离合器内座圈

### (二)液力变矩器的工作原理

**1. 动力的传递**

液力变矩器的工作原理可以通过一对风扇的工作情景来描述。如图2-7所示,将两个相同的风扇相对放置,左边风扇接电为主动,右边风扇断电为从动,左边风扇的转速大于右边风扇的转速,两台风扇存在一定的转速差,左边风扇叶轮转动就会推动右边风扇叶轮转动。如果在两台风扇之间加上风量的集中导索,两者之间的转速差就会相应减少。风扇A相当于泵轮,风扇B相当于涡轮,空气通道相当于导轮,空气相当于ATF。

资源2-2 风扇气流传动

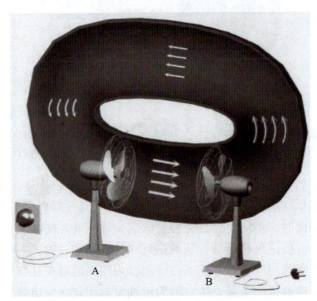

图2-7 风扇的工作情景

当发动机运转时,飞轮带动液力变矩器壳体旋转,壳体带动泵轮旋转,泵轮的叶片将ATF带动起来,在离心力的作用下,ATF被甩向泵轮叶片外缘处,并在外缘处冲向涡轮叶片,如果作用在涡轮叶片上的冲击力大于作用在涡轮上的阻力,涡轮将开始转动,冲向涡轮叶片的液压油沿涡轮叶片向内缘流动,涡轮转动使机械变速器的输入轴一起转动。由涡轮叶片流出的ATF经过导轮后再流回到泵轮,形成如图2-8所示的循环流动。

资源2-3 液力变矩器的工作过程

液力变矩器里ATF的循环流动是两种运动的合运动,两者的大小随泵轮与涡轮的转速差值发生变化,导致在不同工况时ATF合力的方向会发生变化。当液力变矩器工作,泵轮旋转时,泵轮叶片带动ATF也旋转起来,形成绕着泵轮轴线做圆周运动的流动,这种流动称为涡流,如图2-9(a)所示;同样随着涡轮的旋转,ATF也绕着涡轮轴线做圆周运动,这种流动称为环流,ATF的涡流与环流如图2-9(b)所示。

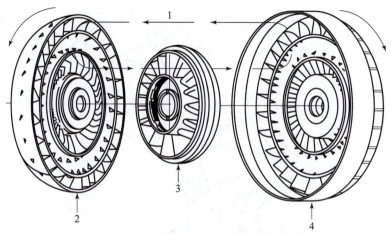

图2-8 ATF在液力变矩器中的循环流动
1—油液流动方向；2—涡轮；3—导轮；4—泵轮

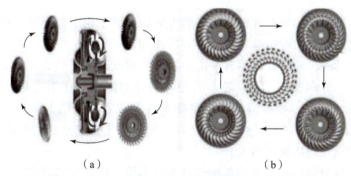

图2-9 ATF的涡流与环流
(a) 涡流；(b) 环流

**2. 转矩的放大**

液力变矩器之所以能起到变矩作用，是因为导轮起了关键作用。在循环流动的过程中，固定不动的导轮给涡轮一个反作用力矩，使涡轮输出转矩不同于泵轮输入转矩。

在泵轮与涡轮转速差较大的情况下，由涡轮甩出的ATF以逆时针方向冲击导轮叶片，此时导轮是固定不动的，因为导轮上装有单向离合器，它可以防止导轮逆时针转动。导轮的叶片形状使得ATF改变为顺时针方向流回泵轮，即与泵轮的旋转方向相同。泵轮将来自发动机和从涡轮回流的能量一起传递给涡轮，使涡轮输出转矩增大，液力变矩器的转矩放大倍数一般为2.2左右。

现以变矩器工作轮的展开图来说明液力变矩器的增矩原理，将变矩器三个工作轮假想地展开，得到泵轮、涡轮和导轮的环形平面图，液力变矩器工作展开如图2-10所示。为了便于说明，设发动机转速及负荷不变，即变矩器泵轮的转速$n_B$及转矩$M_B$为常数。

当发动机运转而汽车还未起步时，涡轮转速$n_W=0$，液力变矩器工作原理如图2-11所示。ATF在泵轮叶片的带动下沿图中箭头1的方向冲向涡轮叶片，对涡轮有一作用力，产生绕涡轮轴的转矩。此时涡轮静止不动，液流则沿着涡轮叶片内缘流出并沿箭头2的方向冲向导轮，此时导轮是固定不动的，因为导轮上装有单向离合器，它可以防止导轮逆时针转动。

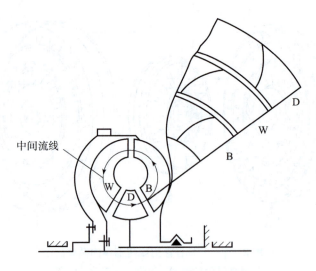

图 2-10　液力变矩器工作展开

然后液流再从固定不动的导轮叶片沿箭头 3 的方向流回到泵轮中，导轮的叶片形状使得 ATF 改为顺时针方向流回泵轮，即与泵轮的旋转方向相同。

当液流流过叶片时，对叶片作用有冲击力矩，液流此时也受到叶片的反作用力矩，其大小与作用力矩相等，方向相反。设泵轮、涡轮和导轮对液流的作用力矩分别为 $M_B$、$M_W$ 和 $M_D$，方向见图中箭头所示。根据液流受力平衡条件，三者在数值上满足关系式 $M_W = M_B + M_D$，即涡轮转矩等于泵轮转矩与导轮转矩之和。泵轮将来自发动机和从涡轮回流的能量一起传递给涡轮，使涡轮输出转矩增大。

当液力变矩器输出的转矩经传动系统传到驱动车轮上所产生的牵引力足以克服汽车起步阻力时，汽车即起步并开始加速，与之相连的涡轮转速 $n_W$ 也从零开始逐渐增加。设液流沿叶片方向流动的相对速度为 $w$，沿圆周方向运动的牵连速度为 $u$，两者的矢量和为绝对速度 $v$。设泵轮转速不变，即液流在涡轮出口处的相对速度不变，由图 2-12（液力变矩器工作原理）可见，冲向导轮叶片正面的液流的绝对速度 $v$ 将随牵连速度 $u$ 的增大而逐渐向左倾斜，使导轮上所受的转矩值逐渐减小，即液力变矩器的转矩放大作用随之减小。

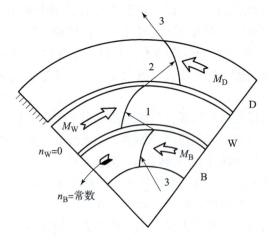

图 2-11　液力变矩器工作原理

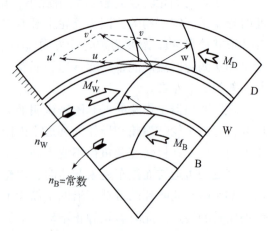

图 2-12　液力变矩器工作原理

当涡轮转速增大到一定值时,由涡轮流出的液流 $v$ 正好沿导轮口方向冲向导轮,由于液体流经导轮时方向不改变,故导轮转矩 $M_D=0$,即涡轮转矩与泵轮转矩相等,$M_W=M_B$。

若涡轮转速 $n_W$ 继续增大,液流绝对速度方向继续向左倾斜 $v'$,液流将冲击导轮叶片背面,导轮转矩方向与泵轮转矩方向相反,则涡轮转矩为前两者转矩之差 ($M_W=M_B-M_D$),这时变矩器输出转矩反而比输入转矩小。

### 3. 耦合工作特性

液力变矩器的变矩特性只有在泵轮与涡轮转速相差较大的情况下才体现出来,随着涡轮转速的不断提高,从涡轮回流的 ATF 会按顺时针方向冲击导轮。若导轮仍然固定不动,ATF 将会产生涡流,阻碍其自身的运动。为此绝大多数液力变矩器在导轮机构中增设了单向离合器,也称自由轮机构。当涡轮与泵轮转速相差较大时,单向离合器处于锁止状态,导轮不能转动。当涡轮转速达到泵轮转速的 85%~90% 时,单向离合器导通,导轮空转,不起导流的作用,液力变矩器的输出转矩不能增加,只能等于泵轮的转矩,此时称为耦合状态。

### 4. 无级变速

随着涡轮转速的逐渐提高,涡轮输出的扭矩要逐渐下降,而且这种变化是连续的。同样,如果涡轮上的负荷增加了,涡轮的转速要下降,而涡轮输出的转矩增加正好适应负荷的增加。

液力变矩器的工作过程概括为两个工况:一个是变矩,另一个是耦合。当泵轮与涡轮转速相差较大,或者说在低速区时,液力变矩器实现变矩;当涡轮转速达到泵轮转速的 85%~90%,或者说在高速区时,液力变矩器实现耦合传动,即涡轮输出转矩等于泵轮输入转矩,达到耦合状态。

## (三) 典型液力变矩器

典型的液力变矩器如图 2-13 所示,下面介绍单向离合器和锁止离合器等典型的液力变矩器部件。

### 1. 单向离合器

单向离合器又称为自由轮机构、超越离合器,其功用是实现导轮的单向锁止。单向离合器有多种类型,目前最常见的是楔块式和滚柱式两种。

楔块式单向离合器如图 2-14 所示,由内座圈、外座圈、楔块、保持架、端盖等组成。单向离合器内外座圈组成的滚道宽度是均匀的,采用不均匀形状的楔块,楔块的大端长度(长径 $L_2$)大于滚道宽度 ($L$),模块的小端长度(短径 $L_1$)小于滚道宽度 ($L$)。内座圈固定不动,当导轮带动外座圈顺时针转动时,外座圈又带动楔块顺时针转动,使楔块的短径与内、外座圈接触,即 $L_1<L$,外座圈可相对楔块和内座圈旋转;反之,当外座圈逆时针旋转时,带动楔

图 2-13 典型的液力变矩器
1—锁止离合器;2—涡轮;3—泵轮;4—导轮;
5—油泵驱动槽;6—单向离合器

块也逆时针旋转,因 $L_2 > L$,楔块阻止外座圈旋转。

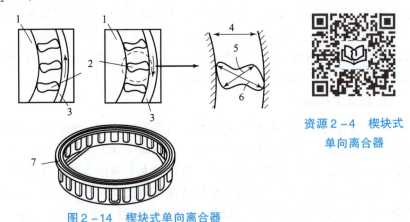

图 2-14 楔块式单向离合器

1—内座圈；2—楔块；3—外座圈；4—滚道宽度 $L$；5—短径 $L_1$；6—长径 $L_2$；7—保持架

滚柱式单向离合器由内座圈、外座圈、滚柱、叠片弹簧等组成,如图 2-15 所示。当外座圈顺时针转动时,滚柱进入楔形槽的宽处,内、外座圈不会被滚柱卡紧,外座圈可以顺时针自由转动；当外座圈逆时针转动时,滚柱进入楔形槽的窄处,内、外座圈被滚柱卡紧,外座圈固定不动。

**2. 锁止离合器**

锁止离合器（TCC）,可以将泵轮和涡轮直接连接起来,即将发动机与机械变速器直接连接起来,这样减少液力变矩器在高速比时的能量损耗,提高汽车在正常行驶时的燃油经济性,并防止 ATF 过热。

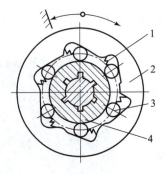

图 2-15 滚柱式单向离合器

1—叠片弹簧；2—外座圈；
3—滚柱；4—内座圈

锁止离合器的结构如图 2-16 所示。当车辆起步、低速或在路况不佳的地面上行驶时,应将锁止离合器分离,使液力变矩器具有变矩作用。此时 ATF 按图 2-16（a）所示的方向流动,将锁止活塞与液力变矩器壳体分离,解除液力变矩器壳体与涡轮的直接连接。

当车辆在路况良好的地面上行驶时,车速、挡位等满足离合器锁止条件,锁止离合器

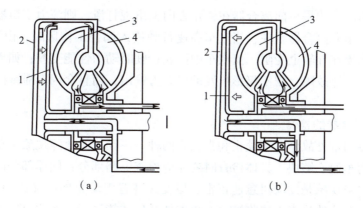

图2-16 锁止离合器的结构
(a) 锁止离合器分离；(b) 锁止离合器锁止
1—锁止活塞；2—前盖；3—涡轮；4—泵轮

接合，进入液力变矩器中的ATF按图2-16(b)所示的方向流动，使锁止活塞向前移动，压紧在液力变矩器壳体上，二者通过摩擦力矩一起转动。此时发动机的动力经液力变矩器壳体、锁止活塞、扭转减震器、涡轮轮毂传给后面的机械变速器，相当于将泵轮和涡轮刚性连在一起，传动效率为100%。

### （四）液力变矩器的检修

**1. 液力变矩器的检查**

（1）液力变矩器外部的检查。

目视检查液力变矩器的外部有无损坏和裂纹，有无明显的高温烧灼现象，是否由于液力变速器过热而变成蓝色，油泵驱动毂外径有无磨损、缺口有无损伤。如有异常应更换液力变矩器。

（2）液力变矩器的清洗。

当自动变速器曾有过热现象或ATF被污染后，应该清洗液力变矩器。液力变矩器可以使用专用的冲洗机清洗，也可以手工清洗。手工清洗的方法是加入干净的ATF，用力振荡液力变矩器，然后排净油液，反复进行这样的操作，直到排出的油液干净为止。当自动变速器发生较严重的故障时，如离合器烧片、锁止离合器或单向离合器过度磨损等，在液力变矩器中往往会沉积大量的金属碎屑，采用浸泡、清洗的方法是不能除净的，所以需要更换液力变矩器。

（3）液力变矩器内部干涉的检查。

液力变矩器内部干涉主要是导轮和涡轮、导轮和泵轮之间的干涉。如果有干涉则液力变矩器运转时会有噪声。

（4）液力变矩器轴套径向跳动的测量检查。

将液力变矩器所在位置做个标记，暂时装到飞轮上，用百分表检查变矩器轴套的径向跳动误差。

（5）单向离合器的检修。

单向离合器损坏失效后，将对汽车整个动力性能产生很大影响，必须仔细检查导轮单向离合器的工作情况。如果单向离合器在锁止方向上出现打滑，则液力变矩器就没有了转矩放大的功用；如果单向离合器卡住，当汽车高速行驶进入耦合工作区时，由于导轮卡住不转，从涡轮流出的涡流在导轮上受阻，使汽车中高速行驶时动力性能变差；如果单向离合器在非锁止方向上出现卡滞故障，则不仅影响发动机动力输出，而且会因卡滞摩擦生热，使液力变矩器油温升高。

（6）锁止离合器的检修。

锁止离合器的常见故障有不锁止和常锁止两种。不锁止的故障现象是车辆的油耗高、发动机高速运转而车速不够快。具体检查时要相应检查电路部分、阀体部分以及锁止离合器本身；常锁止的故障现象是发动机怠速正常，但变速杆置于动力挡位（R、D、2、L）后发动机熄火。锁止离合器的检查需要将液力变矩器切开后才能进行，但这只能由专业的自动变速器维修站来完成。

**2. 液力变矩器噪声的诊断**

液力变矩器有噪声，当轻踩制动踏板后噪声立刻消失，放松后噪声又出现，反复测试现象依旧，则可判定锁止离合器有故障。

可能原因：液力变矩器泄油，锁止压力不足，由打滑引起噪声；锁止离合器锁止压盘与液力变矩器壳体因变形接触不良造成打滑；液力变矩器壳体端面摆动或失去动平衡，当齿轮旋转时产生共振而引起噪声。检查液力变矩器壳体是否偏摆时，可先将变速器拆下，然后将百分表固定在发动机上，测量百分表摆动量，若摆动量大于 0.02 mm，应更换液力变矩器总成。

对电控锁止电磁阀控制锁止离合器的，若锁止电磁阀回位弹簧因使用时间过长而疲劳时，也会因锁止油压不良而产生噪声。

## 二、任务实施

## 任务　液力变矩器的结构认识与检修

**1. 任务说明**

通过对液力变矩器的结构认识与检修实验，加深学员对液力变矩器的结构认识，使学员可以进行液力变矩器的基本检查，增强实践能力。

**2. 标准与要求**

（1）认识液力变矩器的部件结构。

（2）掌握液力变矩器的拆装步骤。

（3）掌握液力变矩器的检修方法。

（4）能够正确使用专业工具、设备。

**3. 设备器材**

（1）装有 AT 的轿车一辆。

（2）剖开液力变矩器教具一个。

（3）单向离合器检修专用工具。

（4）变速器千斤顶一台。

（5）举升机一台。

（6）世达工具一套。

（7）百分表、游标卡尺、常用工具。

**4. 作业准备**

（1）准备一辆装有 AT 的轿车。　　　　　□ 任务完成

（2）准备实训工具、量具。　　　　　　　□ 任务完成

（3）准备检修液力变矩器的专业工具。　　□ 任务完成

（4）准备作业单。　　　　　　　　　　　□ 任务完成

**5. 实训流程**

根据实训要求认识液力变矩器教具的结构，利用检修设备对液力变矩器进行检查。

（1）液力变矩器结构认知。

①液力变矩器的实物分解如图 2-17 所示。

图 2-17　液力变矩器的实物分解

②泵轮与液力变矩器壳连成一体，用螺栓固定在发动机曲轴后端的凸缘或飞轮上，壳体做成两半，装配后焊成一体，泵轮导环如图 2-18 所示，泵轮通过螺栓固定在飞轮上，如图 2-19 所示。

图 2-18　泵轮导环

图 2-19　泵轮通过螺栓固定在飞轮上

③涡轮通过花键与变速器输入轴相连，涡轮花键如图 2-20 所示。

④导轮则通过导轮座与变速器的壳体相连，所有工作轮在装配后，形成断面为循环圆的

环状体，如图 2-21 所示。

图 2-20　涡轮花键

图 2-21　导轮

（2）液力变矩器的拆卸。

不同车型自动变速器的拆卸方法有所不同，一般情况下都是先关闭汽车的点火开关，拆下蓄电池搭铁线，放掉自动变速器内的液压油，然后按下列步骤进行拆卸：

①拔下自动变速器上的所有线束插头，拆除车速表软轴、液压油加油管、散热器油管等所有与自动变速器连接的零部件，如图 2-22 所示。

②拆去排气管中段，拆除自动变速器下方的护罩、护板等，如图 2-23 所示。

图 2-22　拔下自动变速器上的所有线束插头

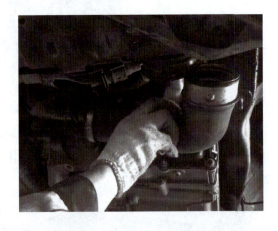

图 2-23　拆去排气管中段

③松开传动轴与自动变速器输出轴的连接螺栓，拆下传动轴，如图 2-24 所示。

④拆下飞轮壳盖板，用起子撬动飞轮，逐个拆下飞轮与变矩器的连接螺栓。

⑤拆下起动机，拆下自动变速器与车架的连接支架，用千斤顶托住自动变速器，如图 2-25 所示；将变矩器和自动变速器一同抬下，应扶住变矩器以防滑落。

⑥拆卸液力变矩器油封：拆下液力变矩器，将自动变速器固定到装配支架上，将专用工具放到密封环上，这样可避免下面的轴承环损坏，如图 2-26 所示。

（3）液力变矩器的检测。

①液力变矩器的外部检查。

目视检查液力变矩器的外部有无损坏和裂纹，有无明显的高温烧灼现象，是否由于液力变矩器过热而变成蓝色，油泵驱动毂外径有无磨损、缺口有无损伤。如有异常应更换液力变矩器。

图2-24 拆下传动轴

图2-25 用千斤顶托住自动变速器

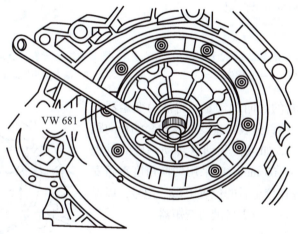

图2-26 拆卸液力变矩器油封

②单向离合器的检测。

将驱动杆（专用工具SST 09350-32014）插入变矩器的单向离合器内座圈，如图2-27（a）所示；再将单向离合器外座圈固定器卡在轴套上的油泵驱动缺口内，如图2-27（b）所示；转动驱动杆，检查单向离合器工作是否正常，如图2-27（c）所示。

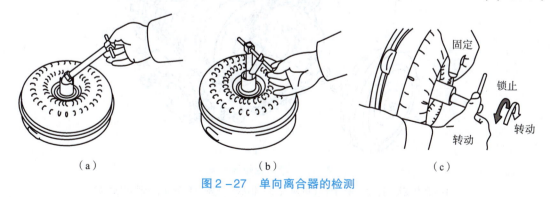

图2-27 单向离合器的检测

③变矩器内部运动干涉的检查。

导轮和涡轮之间的干涉检查如图2-28所示,将液力变矩器与飞轮连接侧朝下放在台架上,然后装入油泵总成,确保液力变矩器油泵驱动毂与油泵主动部分接合好。把变速器涡轮轴插入涡轮轮毂中,使油泵和液力变矩器保持不动,然后顺时针、逆时针反复转动涡轮轴,如果转动不顺畅或有噪声,则更换液力变矩器。

导轮和泵轮之间的干涉检查如图2-29所示,将油泵放在台架上,并把液力变矩器安装在油泵上,旋转液力变矩器使液力变矩器的油泵驱动毂与油泵主动部分接合好,然后固定住油泵并逆时针转动液力变矩器,如果转动不顺畅或有噪声,则更换液力变矩器。

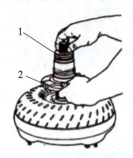

图2-28 导轮和涡轮之间的干涉检查

1—涡轮轴;2—油泵总成

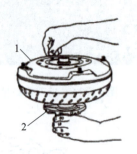

图2-29 导轮和泵轮之间的干涉检查

1—液力变矩器总成;2—油泵总成

④检查变矩器轴套的径向跳动量:将液力变矩器安装在发动机驱动盘上,用百分表检查变矩器轴套的径向跳动量,如图2-30所示。如果在驱动盘转动一周的过程中,百分表指针偏摆>0.03 mm,应采用转换角度重新安装的方法予以校正,并在校正后的位置上做一记号,以保证安装正确。若无法校正,应更换液力变矩器。

(4)液力变矩器的安装。

①安装液力变矩器之前密封环必须涂一点自动变速器油,使用其他的润滑材料会导致液压变速器控制的功能故障。液力变矩器的安装如图2-31所示。

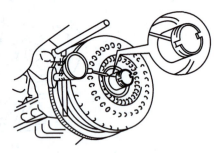

图2-30 变矩器轴套的径向跳动量

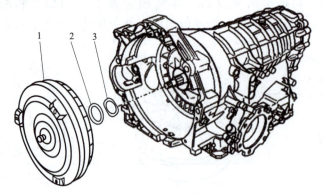

图2-31 液力变矩器的安装

1—液力变矩器;2—密封环(更换);3—轴承套(密封环后面,损坏时更换)

②安装液力变矩器油封:在密封环外沿和唇口涂点自动变速器油,用专用工具压入密封环,如图2-32所示。安装液力变矩器油封时,密封环张开侧应指向变速器。

③安装液力变矩器:先装入轮毂,然后将液力变矩器轻轻向里旋转,直到液力变矩器轮毂的槽进入到泵轮的接合杆中并且能感到液力变矩器向里滑动。如果液力变矩器安装正确,则变速器固定面到液力变矩器槽面距离符合要求,变速器固定到变矩器槽面距离的测量如图2-33所示。

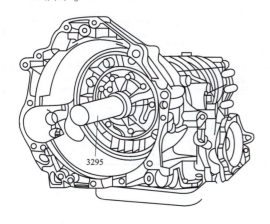

图2-32 安装液力变矩器油封

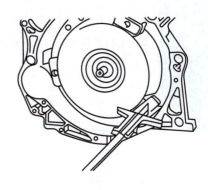

图2-33 测量变速器固定面到变矩器槽面的距离

④用千斤顶托住自动变速器,安装自动变速器与车架的连接支架。

⑤安装起动机。

⑥拧上飞轮与变矩器的连接螺栓,安装飞轮壳盖板。

⑦安装传动轴、排气管、护板等。

⑧依次安装自动变速器上的所有线束插头、车速表软轴、液压油加油管、散热器油管等所有与自动变速器连接的零部件。

### 6. 记录与分析

**任务 液力变矩器的结构认识与检修作业记录单**

| 基本信息 | 班级 | | 姓名 | | 学号 | |
|---|---|---|---|---|---|---|
| | 设备型号 | | 任务名称 | | 日期 | |
| 部件名称 | 认识主要部件名称 | | | 作用 | | |
| | | | | | | |
| | | | | | | |
| | | | | | | |
| | | | | | | |
| | | | | | | |
| | | | | | | |

续表

| 基本信息 | 班级 | | 姓名 | | 学号 | |
|---|---|---|---|---|---|---|
| | 设备型号 | | 任务名称 | | 日期 | |
| 液力变矩器的检查 | 检查项目 | | | 检查结果 | | |
| | 液力变矩器的外观检查 | | | | | |
| | 单向离合器检测 | | | | | |
| | 导轮和涡轮之间的干涉检查 | | | | | |
| | 导轮和泵轮之间的干涉检查 | | | | | |
| | 液力变矩器轴套径向跳动检测 | | | | | |
| 课后思考 | | | | | | |

## 三、拓展学习

### 电控锁止离合器

液力变矩器的传动损失高达发动机能量的10%，这种能量的损失是以热的形式散发掉的，能量损失的原因是液力变矩器有传动损失或泵轮与涡轮之间存在转速差。为了避免这种传动损失，大多数自动变速器都采用了锁止离合器，以便汽车在某些工况下实现发动机与变速器的直接机械传动。采用锁止离合器的液力变矩器可以改善汽车的燃油经济性和降低变速器工作油液的温度。

当涡轮的转速接近泵轮的85%时，液力变矩器转入耦合点（耦合工况）。在此工况下，液力变矩器的传动效率和输出的转矩大大下降。液力变矩器效率曲线图如图2-34所示。

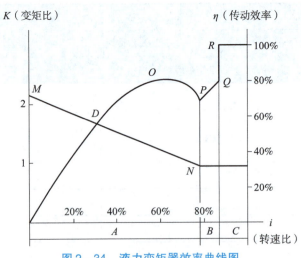

图2-34 液力变矩器效率曲线图

（1）早期的简单液压控制系统只有在变速器处于高速挡和超过某一设定车速时，才使锁止离合器接合。

（2）为了提高液力变矩器的传动效率，锁止离合器采用了电控形式，可使锁止离合器在任何时候都能接合。电子控制锁止离合器的原理如图 2-35 所示，采用了一个锁止电磁阀和锁止控制阀进行控制。为获得最佳的综合性能和燃油经济性，部分变速器采用了两个锁止电磁阀进行控制：一个为开关式锁止电磁阀，另一个为占空比式锁止电磁阀（PWM 可调式锁止电磁阀），其特点是电子控制系统通过改变脉冲宽度不断改变电磁阀的接通与闭合时间，从而控制锁止离合器的滑动程度，实现完全分离状态到完全接合状态之间的各种变化，实现了完全分离、部分锁止、半锁止、完全锁止等各种锁止状态。

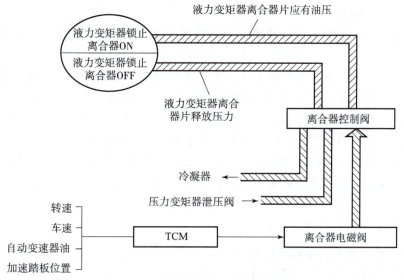

图 2-35　电子控制锁止离合器的原理

电控系统是根据各种传感器提供的信号适时精确地控制锁止离合器的接合或分离，典型的锁止离合器接合条件有：

①冷却液温度不得低于设定温度。
②停车挡/空挡开关必须指示变速器处于行驶挡。
③制动开关必须指示没有进行制动。
④车速必须高于设定车速。
⑤节气门开度传感器的信号电压必须高于最低电压，即表示节气门处于开启状态。

# 学习任务 3
## 齿轮变速器构造与检修

故障现象：一辆装有大众01M自动变速器的宝来1.8T轿车，行驶9万km后，出现倒挡失效的故障。

原因分析：首先检测电子控制系统，没有发现异常。检测油压，发现倒挡时油压很低，拆检变速器发现低、倒挡制动器O形密封圈畸形，不能起到密封作用，更换后故障排除。可见，机械部分的故障还是较多，一般造成O形密封圈密封不严的原因有两个：一是维修工装配有误，操作不当；二是自动变速器油中有杂质，或油压过高。

检测自动变速器等总成，判断它们的技术状况；若需要修复，请制订修复方案和工艺流程。只要按照传动原理和结构关系去查找，故障就会被迅速排除。

1. 描述行星齿轮变速器的基本原理；
2. 描述换挡执行元件的工作过程；
3. 描述大众01M自动变速器的动力传递原理与路线；
4. 能够进行换挡执行元件的检修；
5. 能够进行行星齿轮变速器的检修。

### 一、知识准备

自动变速器的齿轮变速器主要有行星齿轮变速器和平行轴齿轮变速器两种。目前绝大多数自动变速器采取的是行星齿轮变速器与液力变矩器配合使用。行星齿轮变速器由行星排齿轮机构和换挡执行元件组成，换挡执行元件根据自动变速器电子控制系统的命令来接合或分离、制动或放松行星齿轮机构的某个元件，通过改变动力传动路线得到不同的传动比。

#### （一）行星齿轮变速器的基本原理

行星齿轮变速器由一排或几排行星齿轮机构和换挡执行元件等组成。

**1. 单排单级行星齿轮机构**

（1）单排单级行星齿轮机构的组成。

如图3-1所示，单排单级行星齿轮机构主要由一个太阳轮、一个带有若干个行星齿轮的行星架和一个齿圈组成。

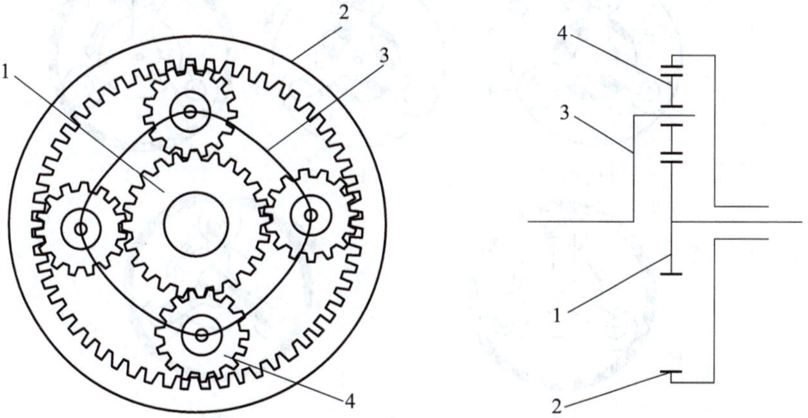

图 3-1 单排单级行星齿轮机构的组成
1—太阳轮；2—齿圈；3—行星架；4—行星齿轮

齿圈置有内齿轮，其余齿轮均为外啮合齿轮。太阳轮位于机构中心，行星齿轮与太阳轮外啮合，行星齿轮与齿圈内啮合。一般行星齿轮有 3~6 个，通过滚针轴承安装在行星齿轮轴上，行星齿轮轴对称、均匀地安装在行星架上。行星齿轮机构工作时，行星齿轮除了绕自身轴线自转外，同时还绕着太阳轮公转，行星架也绕着太阳轮旋转。

（2）单排单级行星齿轮机构的运动规律。

根据能量守恒定律，由作用在单排行星齿轮机构各元件上的力矩及结构参数，可以得出表示单排行星齿轮机构运动规律的特性方程式：

$$n_1 + \alpha n_2 - (1+\alpha) n_3 = 0$$

式中，$n_1$ 为太阳轮转速；$n_2$ 为齿圈转速；$n_3$ 为行星架转速；$\alpha$ 为齿圈齿数 $z_2$ 与太阳轮齿数 $z_1$ 之比，即 $\alpha = z_2/z_1$，且 $\alpha > 1$。

由于一个方程有三个变量，如果将太阳轮、齿圈和行星架中某个元件作为主动（输入）部分，让另一个元件作为从动（输出）部分，第三个元件不受任何约束和限制，此时从动部分的运动是不确定的。因此为了得到确定的运动，必须对太阳轮、齿圈和行星架三者中的某个元件的运动进行约束和限制。

（3）单排单级行星齿轮机构不同的传动方式。

通过对不同的元件进行约束和限制，可以得到不同的动力传动方式，单排行星齿轮机构传动原理如图 3-2 所示。

①以齿圈为主动件（输入），行星架为从动件（输出），太阳轮固定，如图 3-2（a）所示。此时，$n_1 = 0$，则传动比 $i_{23}$ 为：

$$i_{23} = n_2/n_3 = 1 + 1/\alpha > 1$$

由于传动比大于 1，因此为减速传动，可以作为同向、降速挡。

②以行星架为主动件，齿圈为从动件，太阳轮固定，如图 3-2（b）所示。此时，$n_1 = 0$，则传动比 $i_{32}$ 为：

$$i_{32} = n_3/n_2 = \alpha/(1+\alpha) < 1$$

由于传动比小于 1，因此为增速传动，可以作为同向、超速挡。

资源 3-1 单排单级行星齿轮机构不同的传动方式

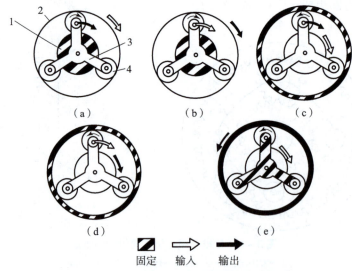

图3-2 单排单级行星齿轮机构传动原理
1—太阳轮；2—齿圈；3—行星架；4—行星齿轮

③以太阳轮为主动件，行星架为从动件，齿圈固定，如图3-2（c）所示。此时，$n_2=0$，则传动比$i_{13}$为：

$$i_{13}=n_1/n_3=1+\alpha>1$$

由于传动比大于1，因此为减速传动，可以作为同向、降速挡。

④以行星架为主动件，太阳轮为从动件，齿圈固定，如图3-2（d）所示。此时，$n_2=0$，则传动比$i_{31}$为：

$$i_{31}=n_3/n_1=1/(1+\alpha)<1$$

由于传动比小于1，因此为增速传动，可以作为同向、超速挡。

⑤以太阳轮为主动件，齿圈为从动件，行星架固定，如图3-2（e）所示。此时，$n_3=0$，则传动比$i_{12}$为：

$$i_{12}=n_1/n_2=-\alpha$$

由于传动比为负值，说明主从动件的旋转方向相反，又由于$|i_{12}|>1$，说明为降速传动，可以作为倒挡。

⑥若使太阳轮、齿圈和行星架三个元件中的任意两个元件连为一体转动，则另一个元件的转速必然与前二者等速同向转动，即行星齿轮机构中所有元件（包含行星齿轮）之间均无相对运动，传动比$i=1$，这种传动方式用于变速器的直接挡传动。

⑦如果太阳轮、齿圈和行星架三个元件之间没有任何约束，则各元件的运动是不确定的，此时为空挡。

总结：单排单级行星齿轮运动规律如下：
① 只要行星架从动，无论哪个固定，均为同向、减速传动。
② 只要行星架固定，无论哪个主动，均为反向传动，可实现倒挡。
③ 任意两个元件连为一体，可实现同向等速传动，传动比为1，相当于直接挡。

**2. 单排双级行星齿轮机构的运动规律**

掌握单排双级行星齿轮机构的运动规律，是学习拉维娜式行星齿轮变速器的基础，如图

3-3 所示。

(1) 单排双级行星齿轮机构的组成。

单排双级行星齿轮机构有三个基本元件，即太阳轮、齿圈和行星架。在太阳轮与齿圈之间有两组行星齿轮，行星齿轮 1 和行星齿轮 2，两组行星齿轮共用一个行星架，行星齿轮不用作动力的输入或输出元件，只起到中间传力作用（惰轮）。三个基本元件如果没有固定元件，将任意两个元件作为动力输入和输出均不能传递动力。为了组成具有一定传动比的传动机构，必须将太阳轮、齿圈和行星架这三个元件中的一个加以固定，或者将某两个基本元件互相连接在一起，即两者同速转动，才能获得一定的传动比。其运动方程是：

$$n_1 + \alpha n_2 - (1+\alpha) n_3 = 0$$

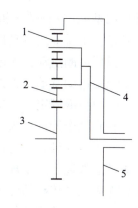

图 3-3　单排双级行星齿轮变速机构

1—长行星齿轮；2—短行星齿轮；
3—太阳轮；4—行星架；
5—齿圈

式中，$n_1$ 为太阳轮转速；$n_2$ 为齿圈转速；$n_3$ 为行星架转速；$\alpha$ 为齿圈与太阳轮齿数比。

(2) 单排双级行星齿轮机构的运动规律。

①将行星架固定，以太阳轮为主动件，齿圈为从动件，则行星齿轮的轴线亦被固定，行星齿轮只能自转，不能公转，其传动比 $i$ 为：

$$i = n_1/n_2 = \alpha$$

实验结果：从动件与主动件是同向、减速传动。

②将行星架固定，以齿圈为主动件，太阳轮为从动件，其传动比 $i$ 为：

$$i = n_2/n_1 = 1/\alpha$$

实验结果：从动件与主动件是同向、增速传动。

③将太阳轮固定，以行星架为主动件，齿圈为从动件，此时传动比 $i$ 为：

$$i = n_3/n_2 = \alpha/(\alpha-1)$$

实验结果：从动件与主动件是同向、减速传动。

④将太阳轮固定，以齿圈为主动件，行星架为从动件，传动比 $i$ 为：

$$i = n_2/n_3 = (\alpha-1)/\alpha$$

实验结果：从动件与主动件是同向、增速传动。

⑤将齿圈固定，行星架主动，太阳轮从动，传动比 $i$ 为：

$$i = n_3/n_1 = 1/(1-\alpha)$$

实验结果：从动件与主动件是反向、增速传动。

⑥将齿圈固定，太阳轮主动，行星架从动，传动比 $i$ 为：

$$i = n_1/n_3 = 1-\alpha$$

实验结果：从动件与主动件是反向、减速传动。

⑦若三个基本元件都没有被固定，各个基本元件都可以自由转动，则此时该机构无论以哪两个基本元件为主动件、从动件，都不能获得动力传递，处于空挡状态。

⑧若将任意两个基本元件互相连接起来，也就是说，使 $n_1$ 等于 $n_2$ 或 $n_2$ 等于 $n_3$，则由行星排的运动特性方程可知，第三个基本元件的转速必与前两个基本元件的转速相同，即三个基本元件将以同样的转速一同旋转。此时，无论以哪两个基本元件为主动件、从动件，其

传动比都是1，这种情况相当于直接挡。

总结：单排双级行星齿轮运动规律如下：

①只要齿圈主动，无论哪个固定，均为同向、增速传动。

②只要齿圈从动，无论哪个固定，均为同向、减速传动。

③只要齿圈固定，无论哪个主动，均为反向传动，可实现倒挡。

④任意两个元件连为一体，可实现同向等速传动，传动比为1，相当于直接挡。

⑤无固定元件，为空挡。

熟练掌握以上运动规律，是分析自动变速器挡位传动的基础。但只有一个行星排，不能满足汽车多挡位传动的要求，往往需要多个行星排以一定的方式连接起来。比如，两个行星排共用一个太阳轮或前行星排的齿圈与后行星排的行星架连为一体等。这样在分析挡位时，单看一个行星排，好像没有固定元件，无法传递动力，而实际上由于某种连接关系与另一个行星排的某个元件彼此约束，其运动状态也是确定的。

自动变速器中的行星齿轮变速器一般是采用2~3排行星齿轮机构传动，其各挡传动比就是根据上述单排行星齿轮机构传动特点进行合理组合得到的。常见的行星齿轮变速器有辛普森式和拉维娜式。

### （二）自动变速器换挡执行元件的结构与检修

**1. 离合器的结构及工作原理**

（1）多片离合器的结构。

如图3-4所示，离合器主要由离合器鼓、花键毂、活塞、主动摩擦片、从动钢片、复位弹簧等组成。离合器鼓是一个液压缸，鼓内有内花键齿圈，内圆轴颈上有进油孔与控制油路相通。离合器活塞为环状，内外圆上有密封圈，安装在离合器鼓内。从动钢片和主动摩擦片交错排列，两者统称为离合器片，均使用钢料制成，但摩擦片的两面烧结有铜基粉末冶金的摩擦材料。为保证离合器接合柔和及散热，离合器片浸在油液中工作，因而称为湿式离合器。钢片带有外花键齿，与离合器鼓的内花键齿圈连接，并可轴向移动，摩擦片则以内花键齿与花键毂的外花键槽配合，也可做轴向移动。花键毂和离合器鼓分别以一定的方式与变速器输入轴或行星齿轮机构的元件相连接。碟形弹簧的作用是使离合器接合柔和，防止换挡冲击。可以通过调整卡环或压盘的厚度调整离合器的间隙。

资源3-2　行星齿轮——换挡执行元件

离合器鼓是一个液压缸，鼓内有内花键齿圈，内圆轴颈上有进油孔与控制油路相通。离合器活塞为环状，内外圆上有密封圈，安装在离合器鼓内。从动钢片和主动摩擦片交错排列，二者统称为离合器片，均使用钢料制成，但摩擦片的两面烧结有铜基粉末冶金的摩擦材料。为保证离合器接合柔和及散热，离合器片浸在油液中工作，因而称为湿式离合器。钢片带有外花键齿，与离合器鼓的内花键齿圈连接，并可轴向移动，摩擦片则以内花键齿与花键毂的外花键槽配合，也可做轴向移动。花键毂和离合器鼓分别以一定的方式与变速器输入轴或行星齿轮机构的元件相连接。碟形弹簧的作用是使离合器接合柔和，防止换挡冲击。可通过调整卡环或压盘的厚度调整离合器的间隙。

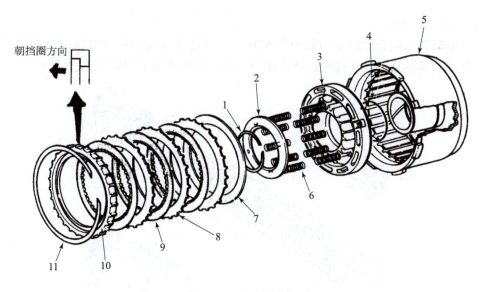

图 3-4 离合器结构

1—卡环；2—弹簧座；3—活塞；4—O形密封圈；5—离合器鼓；6—回位弹簧；7—碟形弹簧；
8—从动钢片；9—主动摩擦片；10—压盘；11—卡环

（2）多片离合器的工作原理。

如图 3-5 所示，当一定压力的 ATF 经控制油道进入活塞左面的液压缸时，液压作用力便克服弹簧力使活塞右移，将所有离合器片压紧，即离合器接合，与离合器主、从动部分相连的元件也被连接在一起，以相同的速度旋转。

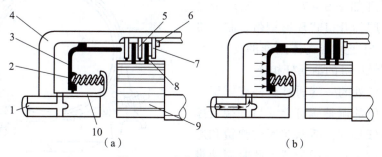

图 3-5 离合器的工作原理

（a）分离状态；（b）接合状态

1—控制油道；2—回位弹簧；3—活塞；4—离合器鼓；5—主动片；6—卡环；
7—钢片；8—从动片；9—花键毂；10—弹簧座

当控制阀将作用在离合器液压缸的油压撤除后，离合器活塞在回位弹簧作用下回复原位，并将缸内的 ATF 从进油孔排出，使离合器分离，离合器主、从动部分可以不同转速旋转。

为了快速泄油，保证离合器彻底分离，一般在液压缸中都有一个单向球阀。当 ATF 被排出时，球体在离心力的作用下离开阀座，开启辅助泄油通道，使 ATF 迅速排出。

**2. 制动器的结构及工作原理**

制动器的功用是固定行星齿轮机构中的元件，防止其转动。制动器有片式和带式两种。

(1) 片式制动器。

片式制动器与离合器的结构和原理相同，不同之处是离合器通过连接而起传递动力作用，而片式制动器是通过连接而起制动作用。片式制动器的结构如图3-6所示。

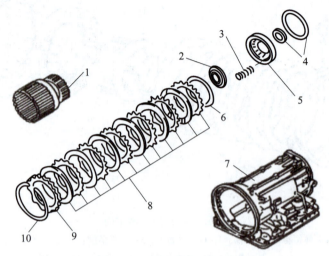

图3-6 片式制动器的结构

1—制动毂；2—弹簧座；3—回位弹簧；4—密封圈；5—活塞；6—碟形环；
7—变速器壳体；8—钢片和摩擦片；9—挡圈；10—卡环

(2) 带式制动器。

带式制动器由制动带和控制液压缸等组成，其工作原理如图3-7所示。制动带是内表面带有镀层的开口式环形钢带。制动带的一端支承在与变速器壳体固连的支座上，另一端与控制液压缸的活塞杆相连。

制动带开口处的一端通过支柱支撑于固定在变速器壳体的调整螺钉上，另一端支撑于液压缸活塞杆端部，活塞在回位弹簧和左腔油压作用下位于右极限位置，此时制动带和制动鼓之间存在定间隙。

制动时，压力油进入活塞右腔，克服左腔油压和回位弹簧的作用力推动活塞左移，制动带以固定支座为支点收紧。在制动力矩的作用下，制动鼓停止旋转，行星齿轮机构

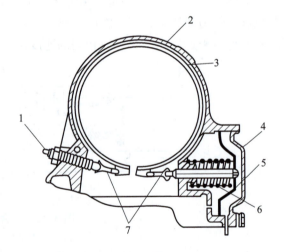

图3-7 带式制动器的工作原理

1—调整螺钉；2—制动带；3—制动鼓；4—油缸盖；
5—活塞；6—回位弹簧；7—支柱

某元件被锁止。随着油压撤除，活塞逐渐回位，制动解除。若仅依靠弹簧张力，则活塞回位速度较慢，目前大多数制动器设置了左腔进油道。在右腔撤除油压的同时，左腔进油，活塞在油压和回位弹簧的共同作用下回位，可迅速解除制动。

### （三）典型行星齿轮自动变速器的构造与工作原理

辛普森式行星齿轮变速器是在自动变速器中应用最广泛的一种行星齿轮变速器，它是由

美国福特公司的工程师 H. W. 辛普森发明的,目前多采用的是 4 挡辛普森式行星齿轮变速器。

**1. 4 挡辛普森式行星齿轮变速器的结构、组成**

如图 3 – 8 和图 3 – 9 所示分别为 4 挡辛普森式行星齿轮变速器的结构简图和元件位置图。

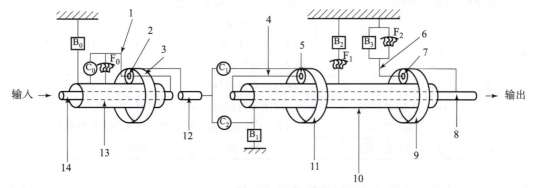

图 3 – 8　4 挡辛普森式行星齿轮变速器的结构简图

1—超速(OD)行星排行星架;2—超速(OD)行星排行星轮;3—超速(OD)行星排齿圈;4—前行星排行星架;
5—前行星排行星齿轮;6—后行星排行星架;7—后行星排行星齿轮;8—输出轴;9—后行星排齿圈;
10—前后行星排太阳轮;11—前行星排齿圈;12—中间轴;13—超速(OD)行星排太阳轮;14—输入轴
$C_0$—超速挡(OD)离合器;$C_1$—前进挡离合器;$C_2$—直接挡、倒挡离合器;$B_0$—超速挡(OD)制动器;
$B_1$—2 挡滑行制动器;$B_2$—2 挡制动器;$B_3$—低、倒挡离合器;$F_0$—超速挡(OD)单向离合器;
$F_1$—2 挡(一号)单向离合器;$F_2$—低挡(二号)单向离合器

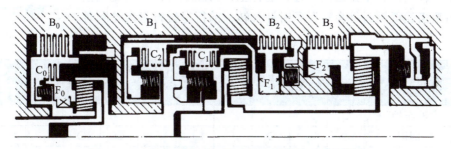

图 3 – 9　4 挡辛普森式行星齿轮变速器的元件位置图

4 挡辛普森式行星齿轮变速器由 4 挡辛普森行星齿轮机构和换挡执行元件两大部分组成。其中 4 挡辛普森行星齿轮机构由 3 排行星齿轮机构组成,前面一排为超速行星排,中间一排为前行星排,后面一排为后行星排,之所以这样命名是由于 4 挡辛普森行星齿轮机构是在 3 挡辛普森式行星齿轮机构的基础上发展起来的,沿用了 3 挡辛普森式行星齿轮机构的命名。输入轴与超速行星排的行星架相连,超速行星排的齿圈与中间轴相连,中间轴通过前进挡离合器或直接挡、倒挡离合器与前、后行星排相连。前、后行星排的结构特点是共用一个太阳轮,前行星排的行星架与后行星排的齿圈相连并与输出轴相连。

换挡执行机构包括 3 个离合器、4 个制动器和 3 个单向离合器共 10 个元件,具体功能见表 3 – 1。

表 3-1 换挡执行元件的功能

| 换挡执行元件 | | 功  能 |
|---|---|---|
| $C_0$ | 超速挡（OD）离合器 | 连接超速行星排太阳轮与超速行星排行星架 |
| $C_1$ | 前进挡离合器 | 连接中间轴与前行星排齿圈 |
| $C_2$ | 直接挡、倒挡离合器 | 连接中间轴与前后行星排太阳轮 |
| $B_0$ | 超速挡（OD）制动器 | 制动超速行星排太阳轮 |
| $B_1$ | 2 挡滑行制动器 | 制动前后行星排太阳轮 |
| $B_2$ | 2 挡制动器 | 制动 $F_1$ 外座圈，当 $F_1$ 也起作用时，可以防止前后行星排太阳轮逆时针转动 |
| $B_3$ | 低、倒挡离合器 | 制动后行星排行星架 |
| $F_0$ | 超速挡（OD）单向离合器 | 连接超速行星排太阳轮与超速行星排行星架 |
| $F_1$ | 2 挡（一号）单向离合器 | 当 $B_2$ 工作时，防止前后行星排太阳轮逆时针转动 |
| $F_2$ | 低挡（二号）单向离合器 | 防止后行星排行星架逆时针转动 |

## 2. 4 挡辛普森式行星齿轮变速器各挡传动路线

在互动变速器各挡位时，换挡执行元件的动作情况见表 3-2。

（1）$D_1$ 挡。

D 位 1 挡时，$C_0$、$C_1$、$F_0$、$F_2$ 工作。如图 3-10 所示，$C_0$ 和 $F_0$ 工作将超速行星排的太阳轮和行星架相连，此时超速行星排成为一个刚性整体，以直接挡传递动力，输入轴的动力顺时针传到中间轴。$C_1$ 工作将中间轴与前行星排齿圈相连，前行星排齿圈顺时针转动驱动前行星排行星齿轮既顺时针自转又顺时针公转，前行星排行星齿轮顺时

资源 3-3 4 挡辛普森式行星齿轮变速器各挡传动路线

表 3-2 换挡执行元件的动作情况

| 选挡杆位置 | 挡位 | $C_0$ | $C_1$ | $C_2$ | $B_0$ | $B_1$ | $B_2$ | $B_3$ | $F_0$ | $F_1$ | $F_2$ | 发动机制动 |
|---|---|---|---|---|---|---|---|---|---|---|---|---|
| P | 驻车挡 | ○ | | | | | | | | | | |
| R | 倒挡 | ○ | | ○ | | | | ○ | ○ | | | |
| N | 空挡 | ○ | | | | | | | | | | |
| D | 1 挡 | ○ | ○ | | | | | | ○ | | ○ | |
| D | 2 挡 | ○ | ○ | | | | ○ | | ○ | ○ | | |
| D | 3 挡 | ○ | ○ | ○ | | | | | ○ | | | |
| D | 4 挡（OD 挡） | | ○ | ○ | ○ | | | | | | | |
| 2 | 1 挡 | ○ | ○ | | | | | | ○ | | ○ | |
| 2 | 2 挡 | ○ | ○ | | | ○ | ○ | | ○ | ○ | | ○ |
| 2 | 3 挡 | ○ | ○ | ○ | | | | | ○ | | | |
| L | 1 挡 | ○ | ○ | | | | | ○ | ○ | | ○ | ○ |
| L | 2 挡 | ○ | ○ | | | | ○ | | ○ | ○ | | ○ |

注：○：换挡执行元件工作或有发动机制动。

针公转则输出轴也顺时针转动,这是一条动力传动路线。由于前行星排行星齿轮顺时针自转,则前后行星排太阳轮逆时针转动,再驱动后行星排行星齿轮顺时针自转,此时后行星排行星齿轮在前后行星排太阳轮的作用下有逆时针公转的趋势,但由于 $F_2$ 的作用,后行星排行星架不动,这样顺时针转动的后行星排行星齿轮驱动齿圈顺时针转动,也从输出轴输出动力,这是第二条动力传动路线。

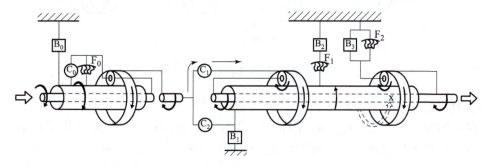

图 3-10　D 位 1 挡动力传动路线

(2) $D_2$ 挡。

D 位 2 挡时,$C_0$、$C_1$、$B_2$、$F_0$、$F_1$ 工作。如图 3-11 所示,$C_0$ 和 $F_0$ 工作如前所述直接将动力传给中间轴,$C_1$ 工作,动力顺时针传到前行星排齿圈,驱动前行星排行星齿轮顺时针转动,并使前后太阳轮有逆时针转动的趋势,由于 $B_2$ 的作用,$F_1$ 将防止前后太阳轮逆时针转动,即前后太阳轮不动。此时前行星排行星齿轮将带动行星架也顺时针转动,从输出轴输出动力。后行星排不参与动力的传动。

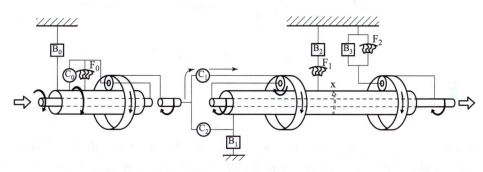

图 3-11　D 位 2 挡动力传动路线

(3) $D_3$ 挡。

D 位 3 挡时,$C_0$、$C_1$、$C_2$、$B_2$、$F_0$ 工作。如图 3-12 所示,$C_0$ 和 $F_0$ 工作如前所述直接将动力传给中间轴,$C_1$、$C_2$ 工作将中间轴与前行星排的齿圈和太阳轮同时连接起来,前行星排成为刚性整体,动力直接传给前行星排行星架,从输出轴输出动力。此挡为直接挡。

想一想:在此挡时 $B_2$ 实际上不参与工作,那为什么还要让 $B_2$ 工作呢?

提示:这样可以使得 $D_2$ 挡升 $D_3$ 挡时只需让 $C_2$ 工作即可,同样 $D_3$ 挡降为 $D_2$ 挡时也只需让 $C_2$ 停止工作即可,这样相邻两挡升降参与工作的换挡执行元件少,换挡方便,提高了可靠性和平顺性。

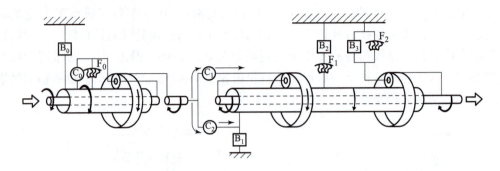

图 3–12　D 位 3 挡动力传动路线

（4）$D_4$ 挡。

D 位 4 挡时，$C_1$、$C_2$、$B_0$、$B_2$ 工作。$B_0$ 工作，将超速行星排太阳轮固定。如图 3–13 所示，动力由输入轴输入，带动超速行星排行星架顺时针转动，并驱动行星齿轮及齿圈都顺时针转动，此时的传动比小于 1。$C_1$、$C_2$ 工作使得前后行星排的工作与 $D_3$ 挡相同，即处于直接挡。所以整个机构以超速挡传递动力。$B_2$ 的作用同前所述。

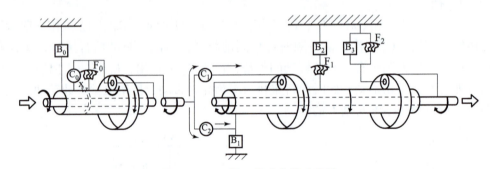

图 3–13　D 位 4 挡动力传动路线

（5）$2_1$ 挡。

2 位 1 挡的工作与 D 位 1 挡的相同。

（6）$2_2$ 挡。

2 位 2 挡时，$C_0$、$C_1$、$B_1$、$B_2$、$F_0$、$F_1$ 工作。如图 3–14 所示，动力传动路线与 D 位 2 挡时相同。区别只是由于 $B_1$ 的工作，2 位 2 挡有发动机制动，而 D 位 2 挡没有。此挡为高速发动机制动挡。

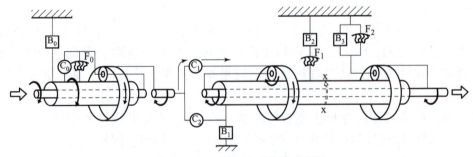

图 3–14　2 位 2 挡动力传动路线

发动机制动是指利用发动机怠速时的较低转速以及变速器的较低挡位来使较快的车辆减速。D 位 2 挡时，如果驾驶员抬起加速踏板，发动机进入怠速工况，而汽车在原有的惯性作用下仍以较高的车速行驶。此时，驱动车轮将通过变速器的输出轴反向带动行星齿轮机构运转，各元件都将以相反的方向转动，即前后太阳轮将有顺时针转动的趋势，$F_1$ 不起作用，使得反传的动力不能到达发动机，无法利用发动机进行制动。而在 2 位 2 挡时，$B_1$ 工作使得前后太阳轮固定，既不能逆时针转动也不能顺时针转动，这样反传的动力就可以传到发动机，所以有发动机制动。

2 位 3 挡的工作与 D 位 3 挡的相同。

（7）$L_1$ 挡。

L 位 1 挡时，$C_0$、$C_1$、$B_3$、$F_0$、$F_2$ 工作。如图 3-15 所示，动力传动路线与 D 位 1 挡时相同。区别只是由于 $B_3$ 的工作，行星排行星架固定，有发动机制动，原因同前所述。此挡为低速发动机制动挡。

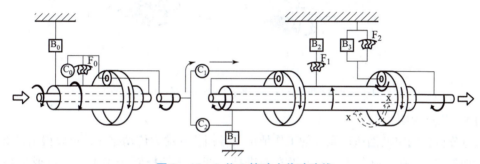

图 3-15　L 位 1 挡动力传动路线

L 位 2 挡的工作与 2 位 2 挡的相同。

（8）R 挡。

R 位倒挡时，$C_0$、$C_2$、$B_3$、$F_0$ 工作。R 位倒挡动力传动路线如图 3-16 所示，$C_0$ 和 $F_0$ 工作如前所述直接将动力传给中间轴，$C_2$ 工作将动力传给前后行星排太阳轮。由于 $B_3$ 工作，将后行星排行星架固定，行星齿轮仅相当于一个惰轮。前后行星排太阳轮顺时针转动驱动后行星排行星架逆时针转动，进而驱动后行星排齿圈也逆时针转动，从输出轴逆时针输出动力。

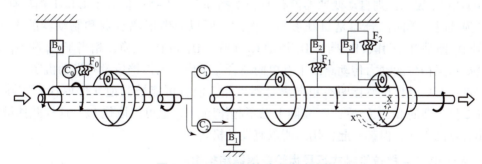

图 3-16　R 位倒挡动力传动路线

（9）P 挡（驻车挡）。

选挡杆置于 P 挡时，一般自动变速器都是通过驻车锁止机构将变速器输出轴锁止实现驻车。如图3-17所示，驻车锁止机构由输出轴外齿圈、锁止棘爪、锁止凸轮等组成。锁止棘爪与固定在变速器壳体上的枢轴相连。当选挡杆处于P挡时，与选挡杆相连的手动阀通过锁止凸轮将锁止棘爪推向输出轴外齿圈，并嵌入齿中，使变速器输出轴与壳体相连而无法转动，如图3-17（a）所示。当选挡杆处于其他位置时，锁止凸轮退回，锁止棘爪在回位弹簧的作用离开输出轴外齿圈，锁止撤销，如图3-17（b）所示。

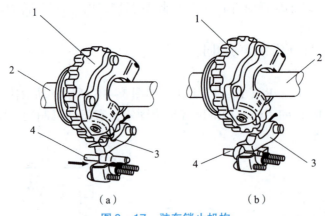

图3-17 驻车锁止机构

1—输出轴外齿圈；2—输出轴；3—锁止棘爪；4—锁止凸轮

（10）几点说明。

通过分析各挡位换挡执行元件的工作情况及各挡位的动力传动路线，可以得出以下结论：

①如果$C_1$故障，则自动变速器没有前进挡，即将选挡杆置于D位、2位或L位时车辆都无法起步行驶，但对于倒挡没有影响。

②如果$C_2$故障，则自动变速器没有3挡，倒挡也将没有。

③如果$B_2$或$F_1$故障，则自动变速器没有D位2挡，但对于2位2挡没有影响。

④如果$B_3$故障，则自动变速器没有倒挡。

⑤如果$F_0$故障，则自动变速器3挡升4挡时会产生换挡冲击，这是由于3挡升4挡时，相当于由$C_0$切换到$B_0$，但$C_0$、$B_0$有可能同时不工作，此时负荷的作用将使超速行星排的齿圈不动，如果没有$F_0$，在行星架的驱动下太阳轮将顺时针超速转动，当$B_0$工作时产生换挡冲击。

⑥如果$F_2$故障，则自动变速器没有D位1挡和2位1挡，但对于L位1挡没有影响。

⑦换挡时，单向离合器是自动参与工作的，所以只考虑离合器和制动器的工作即可。$D_1$挡升$D_2$挡是$B_2$工作，$D_2$挡升$D_3$挡是$C_2$工作，$D_3$和$D_4$互换，相当于$C_0$和$B_0$互换。

⑧如果某挡位的动力传动路线上有单向离合器工作，则该挡位没有发动机制动。

提示：有些挡位虽然标明有单向离合器工作，但可能被其他元件取代而实际上不工作。如2位2挡的$B_1$工作后，$F_1$实际上已不起作用，$C_0$也可以取代$F_0$，这样此挡虽标明有单向离合器的工作，但都不起作用，所以有发动机转动。

### 3. 大众01M 4挡拉维娜式行星齿轮变速器结构组成

拉维娜式行星齿轮变速器包括拉维娜式行星齿轮机构、离合器、制动器和单向离合器。

拉维娜式行星齿轮机构如图3-18所示，由双行星排组成，包括大太阳轮、小太阳轮、长行星齿轮、短行星齿轮、齿圈和行星架。大、小太阳轮采用分段式结构，使3~4挡的转换更加平顺。短行星齿轮与长行星齿轮及小太阳轮啮合，长行星齿轮同时与大太阳轮、短行星齿轮及齿圈啮合，动力通过齿圈输出。两个行星齿轮共用一个行星架（图中未画出）。

### 4. 大众01M 4挡拉维娜式行星齿轮变速器各挡传动路线

拉维娜式行星齿轮变速器的简图如图3-19所示，其中离合器$K_2$用于驱动大太阳轮，离合器$K_3$用于驱动行星齿轮架，制动器$B_1$用于制动行星齿轮架，制动器$B_2$用于制动大太阳轮，单向离合器F防止行星架逆时针转动，锁止离合器LC用于将变矩器的泵轮和涡轮刚性连接在一起。

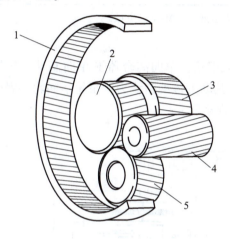

图3-18 拉维娜式行星齿轮机构

1—齿圈；2—小太阳轮；3—大太阳轮；
4—长行星齿轮；5—短行星齿轮

资源3-4 大众01M 4挡拉维娜式
行星齿轮变速器各挡传动路线

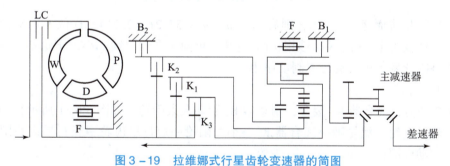

图3-19 拉维娜式行星齿轮变速器的简图

各挡位换挡执行元件的工作情况见表3-3。

表3-3 各挡位换挡执行元件的工作情况

| 部件<br>挡位 | $B_1$ | $B_2$ | $K_1$ | $K_2$ | $K_3$ | F | LC |
|---|---|---|---|---|---|---|---|
| R | × | | | × | | × | |
| 1H | | | × | | | × | |
| 1M | | | × | | | | × |
| 2H | | × | × | | | | × |

续表

| 挡位\部件 | $B_1$ | $B_2$ | $K_1$ | $K_2$ | $K_3$ | F | LC |
|---|---|---|---|---|---|---|---|
| 3H | | | × | | × | | |
| 3M | | | × | | × | | × |
| 4H | | × | | | × | | |
| 4M | | × | | | × | | × |

注：×表示离合器、制动器或单向离合器工作；H 表示液压；M 表示机械。

(1) $D_1$ 挡。

D 位 1 挡时，离合器 $K_1$ 接合，驱动后排小太阳轮，单向离合器 F 单向制动行星架，即 $n_H = 0$，则齿圈同向减速输出，如图 3-20 所示，其动力传动路线为：泵轮→涡轮→涡轮轴→离合器 $K_1$→小太阳轮→短行星齿轮→长行星轮驱动齿圈。

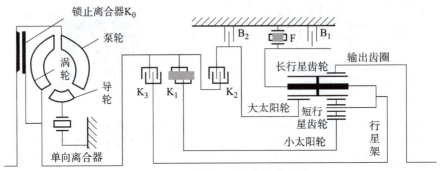

图 3-20　液压 1 挡动力传动路线

对于后行星排而言，$n_H = 0$，则有：$i = n_{21}/n_3 = 57/21 = 2.714$，D 位 1 挡滑行时，输出齿圈由被动件变为主动件，行星架顺时针空转，单向离合器解锁，小太阳轮不干涉发动机的低速运转，因此发动机对滑行无制动作用。

(2) $D_2$ 挡。

D 位 2 挡时，离合器 $K_1$ 接合，制动器 $B_2$ 制动大太阳轮。如图 3-21 所示，动力传动路线为：泵轮→涡轮→涡轮轴→离合器 $K_1$→小太阳轮→短行星齿轮→长行星齿轮围绕大太阳轮转动并驱动齿圈。

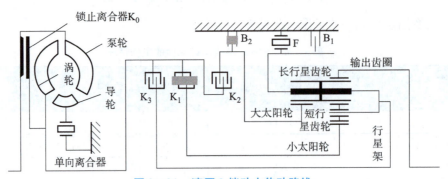

图 3-21　液压 2 挡动力传动路线

（3）$D_3$ 挡。

D 位 3 挡时，离合器 $K_1$ 和 $K_3$ 接合，驱动小太阳轮和行星架，使行星齿轮机构锁止并一同转动。如图 3-22 所示，动力传动路线为：泵轮→涡轮→涡轮轴→离合器 $K_1$ 和 $K_3$→整个行星齿轮机构转动。

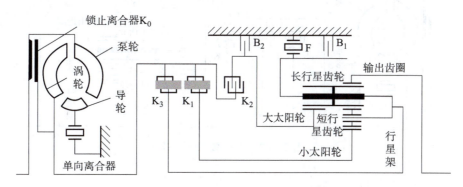

图 3-22　液压 3 挡动力传动路线

（4）$D_4$ 挡。

D 位 4 挡时，离合器 $K_3$ 接合，制动器 $B_2$ 工作，使行星架工作，并制动大太阳轮。如图 3-23 所示，动力传动路线为：泵轮→涡轮→涡轮轴→离合器 $K_3$→行星架→长行星齿轮围绕大太阳轮转动并驱动齿圈。

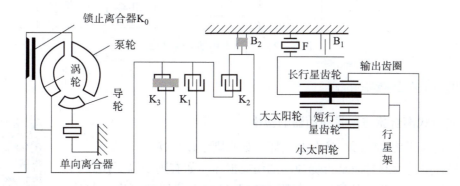

图 3-23　液压 4 挡动力传动路线

（5）R 挡。

R 挡时，离合器 $K_2$ 接合，驱动前排大太阳轮，制动器 $B_1$ 制动行星架，即 $n_H=0$，则齿圈反向减速输出。如图 3-24 所示，其动力传动路线为：泵轮→涡轮→涡轮轴→离合器 $K_2$→大太阳轮→长行星齿轮反向驱动齿圈。$z_{11}$ = 前排太阳轮齿数 = 24；$z_{21}$ = 后排太阳轮齿数 = 21；$z_3$ = 内齿圈齿数 = 57；$n_{11}$ = 前排太阳轮转速；$n_{21}$ = 后排太阳轮转速；$n_H$ = 行星架转速；$n_3$ = 内齿圈转速。$n_H=0$，即有：$i=n_{11}/n_3=57/24=2.375$。

（6）L 位 1 挡。

在 L 位 1 挡时，离合器 $K_1$ 接合，驱动后排小太阳轮，制动器 $B_1$ 制动行星架，则齿圈同向减速输出，其动力传动路线与 D 位 1 挡相同，如图 3-25 所示。D 位 1 挡滑行时，输出齿圈由被动件变为主动件，此时制动器 $B_1$ 仍制动行星架，长行星齿轮在齿圈的驱动下仍按原来的转速旋转，短行星齿轮在长行星齿轮的驱动下也按原来的转速旋转，并驱动小太阳轮、涡轮也按原来的转速旋转，因此发动机对滑行产生制动作用。

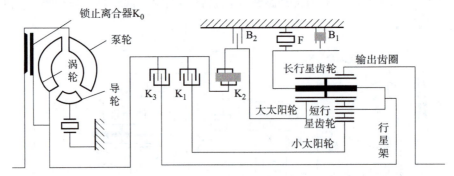

图 3-24 倒挡动力传动路线

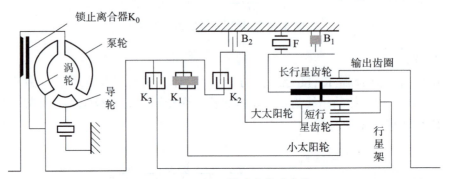

图 3-25 L 位 1 挡动力传动路线

### （四）齿轮变速器的检修

**1. 多片式离合器与片式制动器的检修**

①检查卡环是否变形、疲劳及损坏，如有则予以更换。
②检查主动片的衬面是否烧蚀、刮伤或损坏，如有则予以更换。
③测量主、从动片的厚度。每隔 120°测量三个位置的厚度，并计算平均值，如果厚度小于允许的限值，须更换。
④检查从动钢片是否变形、刮伤或损坏，如有则予以更换。
⑤检查回位弹簧是否折断、弯曲变形，如有则予以更换。

**2. 带式制动带的检修**

①检查制动带是否磨损材料烧焦，耐磨材料脱落、变形，如有则予以更换。
②检查制动带推杆是否磨损、弯曲变形、调整不当，如有则予以更换。

**3. 滚针轴承、止推垫圈的检修**

①检查滚针轴承、止推垫圈轴承有无磨损过量，如有则予以更换。

资源 3-5 离合器检修

资源 3-6 制动器检修

②检查太阳轮、行星架、齿圈等零件的轴颈或滑动轴承处有无磨损,如有则予以更换。

**4. 单向离合器的检修**

检查单向离合器有无单向无锁止、转动卡滞,内外环保持架变形、拉伤,如有则予以更换。

**5. 检查小齿轮垫圈与行星齿轮架之间的间隙**

利用塞尺测量小齿轮垫圈与行星齿轮架之间的间隙,如果间隙值超过极限值,则更换行星齿轮架。

## 二、任务实施

### 任务 大众01M自动变速器齿轮变速器的拆装与检修

**1. 任务说明**

一辆装有大众01M自动变速器的宝来1.8T轿车,行驶9万km后,出现倒挡失效的故障。经维修人员检查后,确认需对齿轮变速器进行拆装与检修。

**2. 标准与要求**

(1) 掌握大众01M自动变速器齿轮变速器的基本结构组成。
(2) 掌握大众01M自动变速器齿轮变速器的拆装步骤。
(3) 掌握大众01M自动变速器齿轮变速器的检修方法。
(4) 能正确使用本次实训课所用仪器及设备。

**3. 设备器材**

(1) 大众01M自动变速器台架。
(2) 大众01M自动变速器专用工具一套。
(3) 世达工具一套。
(4) 常用量具。

**4. 作业准备**

(1) 准备大众01M自动变速器台架。　　　　　　　□ 任务完成
(2) 准备大众01M自动变速器专用工具。　　　　　□ 任务完成
(3) 准备常用工具、量具。　　　　　　　　　　　□ 任务完成
(4) 检查拆装架。　　　　　　　　　　　　　　　□ 任务完成
(5) 放油并清洁油底壳周围。　　　　　　　　　　□ 任务完成
(6) 准备作业单。　　　　　　　　　　　　　　　□ 任务完成

**5. 操作流程**

根据实训条件与检修设备对大众01M自动变速器齿轮变速器进行拆装与检查。拆装中需要用到的专用工具列表如表3-4所示。

表3-4 专用工具列表

| 序号 | 工具名称 | 规格型号 | 数量 |
|---|---|---|---|
| 1 | 支撑架 | VW309 | 1 |
| 2 | 支撑座 | VW313 | 1 |
| 3 | 变速器支撑板 | VW353 | 1 |
| 4 | 压板 | VW402 | 1 |
| 5 | 压力工具 | VW412 | 1 |
| 6 | 套管 | VW415A | 1 |
| 7 | 套管 | VW418A | 1 |
| 8 | 套管 | 3110 | 1 |
| 9 | 装配环 | 3267 | 1 |
| 10 | 变速器支撑架 | 3336 | 1 |

（1）分解行星齿轮变速器。

①拆卸自动变速器冷却器和加油管，用工具拆卸车速传感器和变速器转速传感器，如图3-26所示。转动半轴法兰，检查主传动转动情况，如图3-27所示。

②使用记号笔标记油泵，对角拆下自动变速器油泵螺栓，将螺栓（M8）拧入自动变速器油泵螺栓孔内，可将油泵从变速器壳体中压出，目视检查油泵，如图3-28、图3-29所示。

资源3-7 分解行星齿轮变速器

图3-26 拆卸变速器转速传感器

图3-27 检查主传动转动情况

图3-28 将螺栓M8拧入油泵螺栓孔

图3-29 目视检查油泵

③把带有隔离管、$B_2$制动片、弹簧和弹簧盖的所有离合器拔出，如图3-30所示。目视检查隔离管、$B_2$制动片、弹簧和弹簧盖，如图3-31所示。

图3-30　拔出隔离管

图3-31　目视检查$B_2$制动片

④挂入P挡，用螺丝刀固定大太阳轮，松开小输入轴固定螺栓，如图3-32所示。拆下小输入轴上固定螺栓和调整垫圈，行星齿轮支架的推力滚针轴承留在变速器主动齿轮内。

⑤依次取出小输入轴及滚针轴承、大输入轴及滚针轴承、大太阳轮，如图3-33所示。

图3-32　松开小输入轴螺栓

图3-33　取出大太阳轮

⑥标记弹性挡圈，拆下隔离管、单向离合器两道弹性挡圈。用钳子从变速器壳体上取出在定位楔上的单向离合器，如图3-34所示。检查单向锁止性，如图3-35所示并检查单向离合器滚子有无烧蚀、麻点。

图3-34　取出在定位楔上的单向离合器

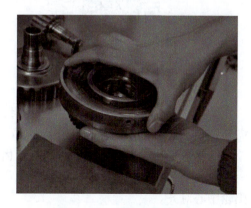

图3-35　检查单向锁止性

⑦取下 $B_1$ 制动器活塞目视检查，如图 3-36 所示。取出带碟形弹簧的行星齿轮支架。拆下倒挡制动器 $B_1$ 的摩擦片目视检查，如图 3-37 所示。

图3-36　取下 $B_1$ 制动器活塞目视检查

图3-37　拆下倒挡制动器 $B_1$ 的摩擦片目视检查

说明：分解行星齿轮变速器无须拆下主制动轮。

（2）调整行星齿轮支架。

（3）检查调整倒挡制动器 $B_1$。

资源3-8　调整行星齿轮支架

资源3-9　检查调整倒挡制动器 $B_1$

（4）检查调整2挡和4挡制动器 $B_2$。

（5）安装行星齿轮支架、倒挡制动器 $B_1$ 和单向离合器。

资源3-10　检查调整2挡和4挡制动器 $B_2$

资源3-11　安装行星齿轮支架、倒挡制动器 $B_1$ 和单向离合器

①清洁变速器壳体。

②将O形密封圈装入行星齿轮支架，如图 3-38 所示。说明：更换行星齿轮支架之前需要调整该支架。

③将带垫圈的推力滚针轴承和行星齿轮支架装入主动齿轮，如图 3-39 所示。

④将垫圈和推力滚针轴承装到行星齿轮支架的小太阳轮，使垫圈和推力滚针轴承与小太阳轮中心对齐。

⑤检查、测量制动器 $B_1$ 组片，将制动器 $B_1$ 的内、外片装入变速器壳体中。

⑥装入压板,扁平面朝片组。压板厚度按制动片数量不同有所不同。

图3-38 将O形密封圈装入行星齿轮支架

图3-39 将带垫圈的推力滚针轴承和行星齿轮支架装入主动齿轮

⑦装入碟形弹簧,凸起面朝向单向离合器,如图3-40所示。说明:更换变速器壳体、单向离合器、倒挡制动器 $B_1$ 活塞、摩擦片等部件时,都需调整 $B_1$ 垫片。

⑧如图3-41所示,用专用工具3267张开单向离合器滚子并装上单向离合器。

图3-40 装入碟形弹簧

图3-41 用专用工具3267装上单向离合器

⑨如图3-42所示,安装单向离合器弹性挡圈b和隔离管弹性挡圈a。安装弹性挡圈时开口装到定位楔上。

⑩安装变速器转速传感器G38并测量倒挡制动器 $B_1$,如图3-43所示。

图3-42 安装单向离合器弹性挡圈b和隔离管弹性挡圈a

图3-43 测量倒挡制动器

(6) 安装大太阳轮到油泵。

①如图 3-44 所示，将大太阳轮到小输入轴部件装入变速器壳体。

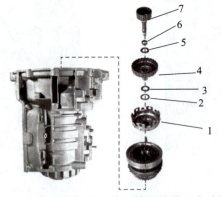

资源 3-12　安装大太阳轮到油泵

图 3-44　将大太阳轮到小输入轴部件装入变速器壳体

1—大太阳轮；2—推力滚针轴承垫圈（台肩朝向大太阳轮）；3—推力滚针轴承；
4—大输入轴；5—推力滚针轴承；6—滚针轴承垫圈；7—小输入轴

②安装带有垫圈和调整垫圈的小输入轴螺栓，拧紧力矩为 20 N·m。

③测量行星齿轮支架。

④将 $K_1$ 和 $K_3$ 装入变速器内，如图 3-45 所示。

⑤安装调整垫片，装入倒挡离合器 $K_2$，如图 3-46 所示。

⑥装入制动器 $B_2$ 片组的隔离管，应使隔离管的槽进入单向离合器的楔，如图 3-47 所示。

资源 3-13　测量行星齿轮支架

⑦检查 $B_2$ 制动组片，安装 $B_2$ 制动片。先装上 1 个 3 mm 厚外片，将 3 个弹簧盖装入外片，插入压力弹簧，直到把最后 1 个外片装上，安装最后 1 片已测量的外片前，应先把 3 个弹簧盖装到压力弹簧上，装上波形弹簧热片，如图 3-48、图 3-49 所示。

图 3-45　将 $K_1$ 和 $K_3$ 装入变速器内

图 3-46　装入倒挡离合器 $K_2$

⑧安装自动变速器油泵密封垫，将 O 形密封圈装到自动变速器油泵上。

⑨安装自动变速器油泵，均匀交叉拧紧螺栓，如图 3-50 所示。说明：勿损坏圆形密封圈，拧紧力矩为 5 N·m，螺栓拧紧后再拧 90°。

图 3-47 装入制动器 $B_2$ 片组的隔离管

图 3-48 安装 $B_2$ 的制动组片

图 3-49 安装最后一片外片前先装 3 个弹簧盖

图 3-50 均匀交叉拧紧螺栓

⑩测量离合器间隙。如图 3-51 所示，将千分表支架固定到变速器壳体上，并以 1 mm 预紧力将千分表对在涡轮轴上，上下移动涡轮轴并读出表上间隙值，间隙应在 0.5~1.2 mm 之间。说明：拆装时应更换下列部件：隔离管、自动变速器油泵、制动片。

图 3-51 测量离合器间隙

⑪清洁整理工具。

# 任务  大众01M自动变速器齿轮变速器的拆装与检修作业记录单

| 基本信息 | 班级 | | 姓名 | | 学号 | |
|---|---|---|---|---|---|---|
| | 设备型号 | | 任务名称 | | 日期 | |
| | 操作步骤 | | | 部件名称 | | |
| 大众01M自动变速器行星齿轮变速器的分解 | | | | | | |
| 检查调整倒挡制动器$B_1$ | | | | | | |
| 检查调整2挡和4挡制动器$B_2$ | | | | | | |
| 大众01M自动变速器齿轮变速器的组装 | | | | | | |
| 课后思考 | | | | | | |

## 三、拓展学习

### 大众 09G 系列自动变速器简介

大众 09G 系列自动变速器是大众公司与日本变速器企业康采恩（AISIN AW Co., Ltd）联合开发的。大众 09G 系列自动变速器采用了一种名为 Lepelletier 的齿轮组方案。这种 Lepelletier 齿轮组方案的优点是：结构简单、节约结构空间且重量适中。它把一个单排行星齿轮组与一个串联的拉维娜（Ravigneaux）式行星齿轮组有机结合，因此只用 5 个换挡执行元件就能实现合理的 6 挡划分，如图 3－52 所示。

**1. 大众 09G 系列自动变速器齿轮变速机构**

如图 3－53 所示，大众 09G 系列自动变速器的行星齿轮变速机构是按 Lepelletier 原理构造的。发动机扭矩首先进入一个单排行星齿轮组，然后从单排行星齿轮组转接到一个按拉维娜原理工作的双排行星齿轮组，在单排行星齿轮组上有摩擦片离合器 $K_1$ 和 $K_3$ 以及摩擦片制动器 $B_1$，行星齿轮的数量取决于变速器的扭矩传递，在双排行星齿轮组上有摩擦片离合器 $K_2$ 和摩擦片制动器 $B_2$ 以及自由轮 F，这些离合器具有动态压力平衡功能，因此可实现与转速无关的调节特性，离合器 $K_1$、$K_2$ 和 $K_3$ 把发动机扭矩导入行星齿轮箱，制动器 $B_1$ 和 $B_2$ 或自由轮支

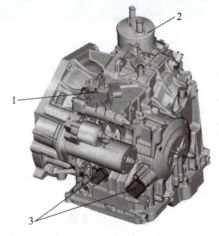

图 3－52　大众 09G 系列自动变速器
1—多功能开关；2—ATF 冷却器；
3—电气接口

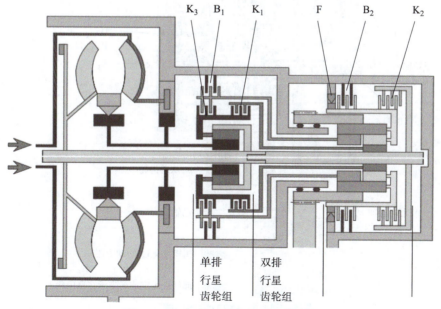

图 3－53　大众 09G 自动变速器齿轮变速机构

撑变速器壳体上的发动机扭矩,所有离合器和制动器都由电子压力控制阀间接控制,自由轮 F 是一个机械换挡元件,它与制动器 $B_2$ 并行排列。

### 2. 大众 09G 系列自动变速器各挡位的传动原理

大众 09G 系列自动变速器各挡位下换挡执行元件的工作情况如表 3-5 所示。

表 3-5　各挡位换挡执行元件的工作情况

| 挡位 | 部件 | | | | | |
| --- | --- | --- | --- | --- | --- | --- |
|   | $K_1$ | $K_2$ | $K_3$ | $B_1$ | $B_2$ | F |
| 1 挡 | × |   |   |   | * | × |
| 2 挡 | × |   |   | × |   |   |
| 3 挡 | × |   | × |   |   |   |
| 4 挡 | × | × |   |   |   |   |
| 5 挡 |   | × | × |   |   |   |
| 6 挡 |   | × |   | × |   |   |
| R 挡 |   |   | × |   | × |   |

*表示发动机制动效果。

(1) 1 挡动力传递路线。

1 挡动力传递路线如图 3-54 所示,涡轮轴驱动单排行星齿轮组的内齿轮 $H_1$,该内齿轮驱动在固定的中心轮 $S_1$ 上支承滚动的行星齿轮 $P_1$,因此驱动行星齿轮架 $PT_1$。离合器 $K_1$ 接合,因此扭矩被传输到双行星齿轮组的中心轮 $S_3$ 上,长行星齿轮把扭矩传输到内齿轮 $H_2$

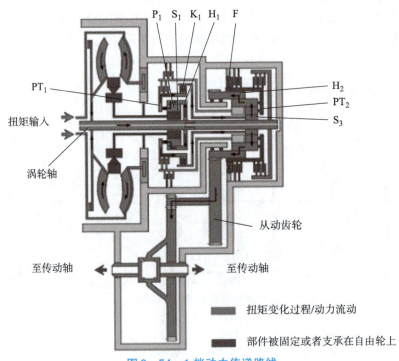

图 3-54　1 挡动力传递路线

上，该内齿轮直接与从动齿轮连接，行星齿轮架 $PT_2$ 支承在自由轮 F 上，通过利用自由轮 F 实现第 1 挡，取消了在第 1 挡滑行状态下的动力传递，车轮在滑行状态下开动，自由轮 F 逆其锁定方向（沿自由轮转动方向）旋转，不能利用发动机的制动作用。

(2) 带发动机制动的 1 挡动力传递路线。

带发动机制动的 1 挡动力传递路线如图 3-55 所示，在特殊行驶状态下（例如在陡峭的下坡上）可通过在 Tiptronic 模式中选择第 1 挡（制动器 $B_2$ 接合）来利用第 1 挡中的发动机制动作用。扭矩变化过程对应于在第 1 挡时说明的过程，只能通过制动器 $B_2$ 的接合利用第 1 挡中的发动机制动作用，制动器 $B_2$ 像自由轮 F 一样卡住行星齿轮架 $PT_2$，然而与自由轮 F 的区别在于，制动器 $B_2$ 在两个旋转方向上固定行星齿轮架 $PT_2$，这对倒车挡和利用第 1 挡中的发动机制动作用来说是必要的。

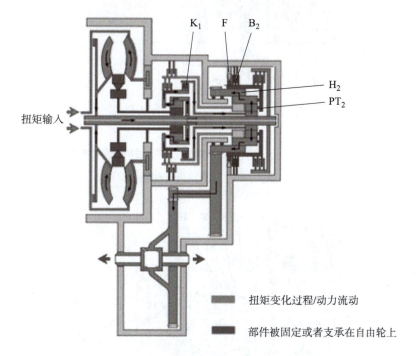

图 3-55 带发动机制动的 1 挡动力传递路线

(3) 2 挡动力传递路线。

2 挡动力传递路线如图 3-56 所示，涡轮轴驱动单排行星齿轮组的内齿轮 $H_1$，内齿轮 $H_1$ 驱动在固定的中心轮 $S_1$ 上支承滚动的行星齿轮 $P_1$，因此驱动行星齿轮架 $PT_1$，离合器 $K_1$ 连接行星齿轮架 $PT_1$ 与中心轮 $S_3$，并将扭矩导入双排行星齿轮组中，制动器 $B_1$ 卡住大中心轮 $S_2$，扭矩被从中心轮 $S_3$ 传输到短行星齿轮 $P_3$ 上，并从那里传输到长行星齿轮 $P_2$ 上，长行星齿轮 $P_2$ 在固定的中心轮 $S_2$ 上滚动并驱动内齿轮 $H_2$。

(4) 3 挡动力传递路线。

3 挡动力传递路线如图 3-57 所示，涡轮轴驱动单排行星齿轮组的内齿轮 $H_1$，内齿轮 $H_1$ 驱动在固定的中心轮 $S_1$ 上支承滚动的行星齿轮 $P_1$，因此驱动行星齿轮架 $PT_1$，离合器 $K_1$ 连接行星齿轮架 $PT_1$ 与中心轮 $S_3$，并将扭矩导入双排行星齿轮组中，离合器 $K_3$ 同样把扭矩导入双排行星齿轮组中的中心轮 $S_2$ 上，通过接合两个离合器 $K_1$ 和 $K_3$ 卡住双排行星齿轮组，扭矩现在直接从行星齿轮组传输到从动齿轮上。

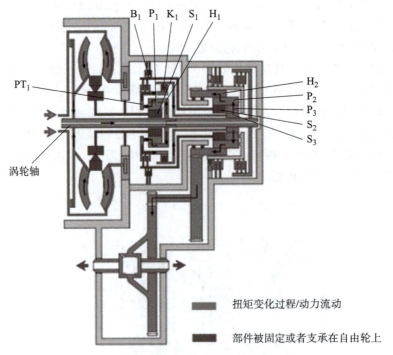

图 3-56　2 挡动力传递路线

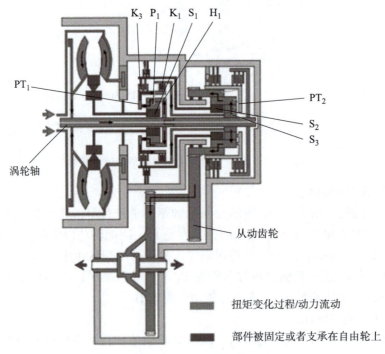

图 3-57　3 挡动力传递路线

(5) 4挡动力传递路线。

4挡动力传递路线如图3-58所示，涡轮轴驱动单排行星齿轮组的内齿轮$H_1$和离合器$K_2$的外摩擦片支架，内齿轮$H_1$驱动在固定的中心轮$S_1$上支承滚动的行星齿轮$P_1$，因此驱动行星齿轮架$PT_1$，离合器$K_1$连接行星齿轮架$PT_1$与中心轮$S_3$，并将扭矩导入双排行星齿轮组中，离合器$K_2$连接涡轮轴与行星齿轮架$PT_2$，并将扭矩同样导入双排行星齿轮组中，长行星齿轮$P_2$与短行星齿轮$P_3$啮合，与行星齿轮架$PT_2$一起驱动内齿轮$H_2$。

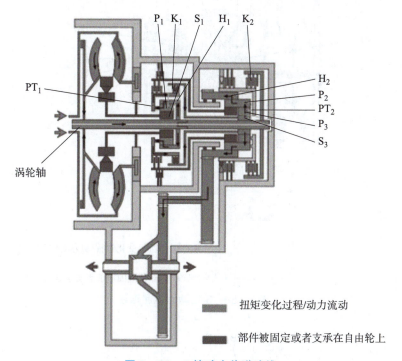

图3-58 4挡动力传递路线

(6) 5挡动力传递路线。

5挡动力传递路线如图3-59所示，涡轮轴驱动单排行星齿轮组的内齿轮$H_1$和离合器$K_2$的外摩擦片支架，内齿轮$H_1$驱动在固定的中心轮$S_1$上支承滚动的行星齿轮$P_1$，因此驱动行星齿轮架$PT_1$，离合器$K_3$连接行星齿轮架$PT_1$与中心轮$S_2$，并将扭矩导入双排行星齿轮组中，离合器$K_2$连接涡轮轴与双排行星齿轮组的行星齿轮架，并将扭矩同样导入双排行星齿轮组中，长行星齿轮$P_2$与行星齿轮架$PT_2$和中心轮$S_2$一起驱动内齿轮$H_2$。

(7) 6挡动力传递路线。

6挡动力传递路线如图3-60所示，制动器$B_1$卡住中心轮$S_2$，离合器$K_2$连接涡轮轴与双排行星齿轮组的行星齿轮架，并将扭矩导入双排行星齿轮组，长行星齿轮$P_2$在固定的中心轮$S_2$上滚动并驱动内齿轮$H_2$，离合器$K_1$和$K_3$打开，行星齿轮组不参与动力传递。

(8) 倒挡动力传递路线。

倒挡动力传递路线如图3-61所示，涡轮轴驱动单排行星齿轮组的内齿轮$H_1$，内齿轮$H_1$驱动在固定的中心轮$S_1$上支承滚动的行星齿轮$P_1$，因此驱动行星齿轮架$PT_1$，离合器$K_3$

连接行星齿轮架 $PT_1$ 与中心轮 $S_2$，并将扭矩导入双排行星齿轮组中，在双排行星齿轮组中，制动器 $B_2$ 卡住行星齿轮架 $PT_2$，扭矩被从中心轮 $S_2$ 传输到长行星齿轮 $P_2$ 上，在行星齿轮架 $PT_2$ 的支承下，扭矩被传输到与输出轴连接的内齿轮 $H_2$ 上，此时逆发动机转动方向驱动内齿轮 $H_2$。

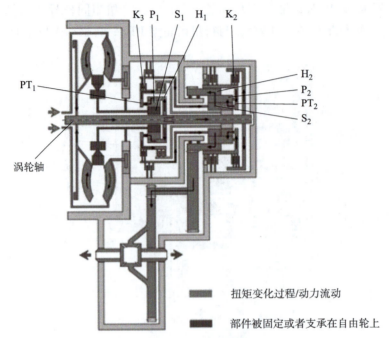

图 3-59　5 挡动力传递路线

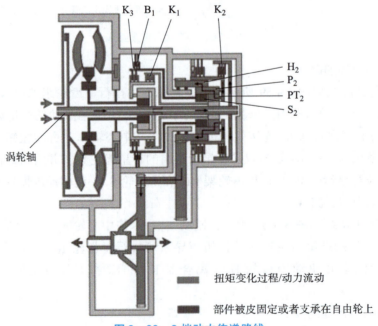

图 3-60　6 挡动力传递路线

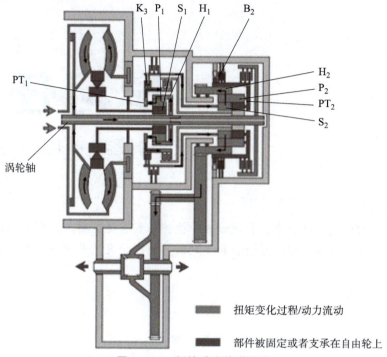

图 3-61 倒挡动力传递路线

# 学习任务 4
## 自动变速器电子控制系统

一辆装有自动变速器的轿车,行驶过程中换挡一直有延迟现象,仪表故障灯常亮,请按技术标准对自动变速器主要部件进行检修,判断其技术状况。若需要修复,请制订修复工艺流程。

1. 描述电子控制系统的基本组成与工作原理;
2. 描述传感器及开关、执行器、电子控制单元的作用及工作原理;
3. 能够进行电子控制系统主要部件检修;
4. 会读取故障码、数据流。

### 一、知识准备

#### (一) 电子控制系统的基本组成与工作原理

**1. 电子控制系统的基本组成**

自动变速器的电子控制系统包括传感器及开关、电子控制单元(ECU)和执行器三大部分。

传感器及开关部分主要包括节气门位置传感器、车速传感器、发动机转速传感器、变速器转速传感器、输出轴转速传感器、ATF温度传感器、空挡起动开关、强制降挡开关、制动灯开关、模式选择开关、OD开关等。

ECU主要完成换挡控制、锁止离合器控制、油压控制、故障自诊断和失效保护等功能。

执行器部分主要包括各种电磁阀和故障指示灯等。

**2. 自动变速器的控制原理**

电子控制自动变速器采用电控液力式控制系统,利用电子控制原理来完成换挡等控制任务。传感器将汽车及发动机的各种运动参数转变为电信号,ECU根据这些电信号,按照设定的控制程序发出控制信号,通过各种电磁阀(换挡电磁阀、油压电磁阀等)来操纵阀体总成中各个控制阀的工作,以完成各种控制任务。大众01M自动变速器电子控制系统如图4-1所示。

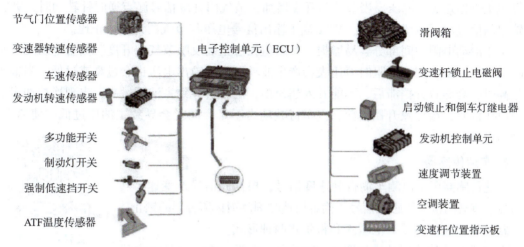

图 4-1　大众 01M 自动变速器电子控制系统

## （二）传感器

### 1. 节气门位置传感器

节气门位置传感器安装在节气门体上，用于检测节气门开度的大小，并将数据传送给发动机控制单元，控制单元根据此信号判断发动机负荷，从而控制自动变速器的换挡点、调节主油压、控制锁止离合器。

资源 4-1　节气门位置传感器

线性输出型节气门位置传感器，这种节气门位置传感器由一个线性电位计和一个怠速开关组成，如图 4-2（a）所示。节气门线性电位计及怠速开关的滑触点。节气门关闭时，怠速开关接通；节气门开启时，怠速开关断开。当节气门处于不同位置时，电位计的电阻也不同。计算机通过节气门传感器可以获得表示节气门由全闭到全开的所有开启角度的连续变化的模拟信号以及节气门开度的变化率，以作为其控制不同行驶条件下挡位变换的主要依据之一。

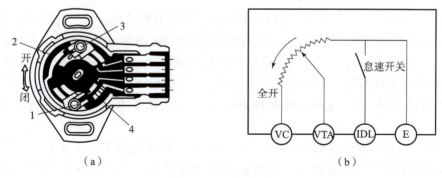

图 4-2　节气门位置传感器的结构、原理
（a）结构图；（b）原理图
1—怠速信号触点；2—电阻器；3—节气门开度信号触点；4—绝缘体

线性输出型节气门位置传感器实际上是一个滑动变阻器，其结构原理如图 4-2（b）所示。E 是搭铁端子，IDL 是怠速端子，VTA 是节气门开度信号端子，VC 是 ECU 供电端子，

计算机提供恒定 5 V 电压。当节气门开度增加，节气门开度信号触点逆时针转动时，VTA 端子输出的信号电压也线性增大，VTA 端子输出信号电压与节气门开度成正比。

由于滑动电阻中间部分容易磨损，其阻值无法正确反映节气门开度，测量电阻无法正确反映节气门开度，测量电阻时万用表会产生波动，同时输出电压也会过高或过低。当输出电压过高时，会导致升挡滞后、不能升入超速挡；同时会导致主油压过高，出现换挡冲击。当输出电压低时，会导致升挡提前，汽车行驶动力不足；同时会导致主油压过低，使离合器、制动器打滑。

**2. 车速传感器**

车速传感器用于检测车辆行驶速度信号，根据此信号及变速器转速信号、节气门位置传感器信号，确定换挡时刻及锁止离合器的锁止。

常见的车速传感器有电磁式和霍尔式两种形式。

电磁式车速传感器结构如图 4-3 所示，主要由永久磁铁、电磁感应线圈、转子等组成。转子一般安装在变速器输出轴上，永久磁铁和电磁感应线圈安装在变速器壳体上。

资源 4-2　车速传感器

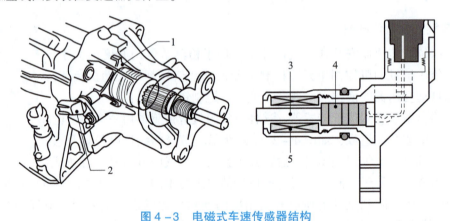

图 4-3　电磁式车速传感器结构

1—转子；2—2 号车速传感器；3—磁轭；4—磁铁；5—线圈

电磁式车速传感器工作原理如图 4-4 所示，当输出轴转动，转子也转动，转子与传感器之间的空气间隙发生周期性变化，使电磁感应线圈中磁通量也发生变化，从而产生交流感应电压，并输送给电子控制单元。交流感应电压随着车速（输出轴转速）具有两个响应特性：一是随着车速的增加，交流感应电压增高；二是随着车速的增加，交流感应电压脉冲频率也增加。计算机根据交流感应电压脉冲频率大小计算车速，并以此控制自动变速器的换挡。

霍尔式车速传感器结构如图 4-5 所示。霍尔式车速传感器上的霍尔元件读取输出轴上驻车锁止齿轮齿隙的变化磁场，并将它转换为脉冲波，然后这些脉冲波将被送到 ECU 中。当车轮开始转动时，霍尔式车速传感器开始产生一连串的信号，脉冲波的个数将随着车速增加而增加。当霍尔元件中有电流流过并有磁场垂直施加于此电流时，将产生一垂直于磁场和电流且与电流和磁场强度成正比的电压，这些电压信号就是车速方波脉冲信号。

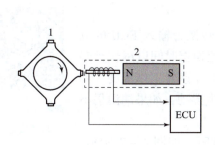
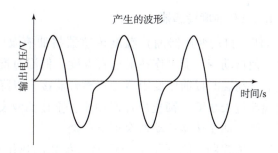

图 4-4 电磁式车速传感器工作原理

1—转子；2—2 号车速传感器

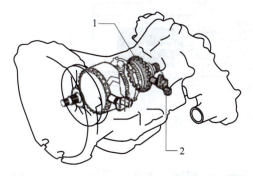
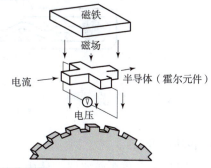

图 4-5 霍尔式车速传感器

1—驻车锁止齿轮；2—车速传感器

### 3. 变速器转速传感器

如图 4-6 所示，变速器转速传感器与车速传感器类似，也分为电磁感应式和霍尔式。它主要获取大太阳轮转速信号，用于检测变速器输入轴转速，ECU 根据变速器转速信号可以更精确地控制换挡时刻，并在换挡的短时间内，减小点火提前角来减小发动机转矩，防止换挡时汽车闯车；还可以把该信号与发动机转速信号进行比较，计算出变矩器的转速比，使主油压和锁止离合器的控制得到优化，减小换挡冲击，改善汽车的行驶平顺性。

资源 4-3 变速器转速传感器

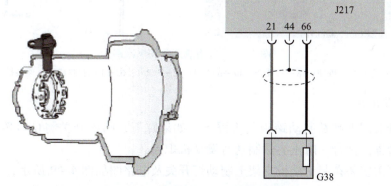

图 4-6 变速器转速传感器及电路图

21,66—信号线；44—屏蔽线；G38—变速器转速传感器；J217—变速器控制单元

### 4. ATF 温度传感器

ATF（自动变速器油）温度传感器将油液温度转换为输入 ECU 的电阻值。使自动变速器工作在最适宜温度，低温时推迟换挡时间以尽快预热变速器，高温时提前使变矩器锁止离合器接合以降低变速器工作温度。如果油温超过 150 ℃，锁止离合器锁止，不让油液发生搅动；如果油温仍不下降，则自动变速器自动切换到下一挡。

资源 4-4　ATF 温度传感器

温度传感器一般都是一个负温度系数的热敏电阻，如图 4-7 所示，电阻值随着自动变速器油温度的改变而改变，即随着温度升高，传感器电阻减小。

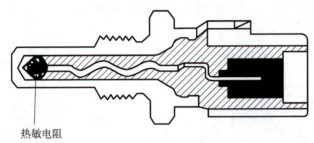

图 4-7　ATF 温度传感器

### 5. 多功能开关

多功能开关安装在变速器壳体内，由变速杆拉索控制。多功能开关向电子控制单元提供变速杆所处的挡位，ECU 以此信号得知驾驶员的挂挡意图，并控制起动机只能在 P 或 N 挡起动。多功能开关及电路图如图 4-8 所示。

 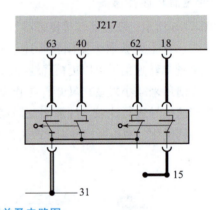

图 4-8　多功能开关及电路图

15—供电；31—搭铁；18—P/R/N；40—N/D/3；62—3/2/1；63—P/1；J217—变速器控制单元

### 6. 制动灯开关

制动灯开关用来判断制动踏板是否踩下。如果踩下，则该开关将信号传输给 ECU，以解除锁止离合器的接合，防止突然制动时发动机熄火。

制动灯开关安装在制动踏板支架上制动灯开关及电路图如图 4-9 所示，。当踩下制动踏板，开关接通，ECU 的 STP 端子电压为 12 V；当松开制动踏板，开关断开，STP 端子电压为 0 V。ECU 根据 STP 端子的电压变化了解制动踏板的工作情况。

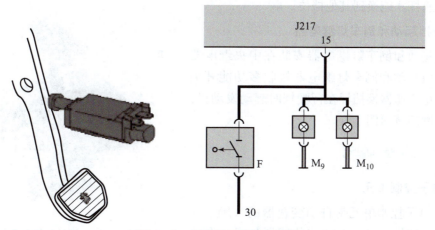

图 4-9 制动灯开关及电路图

30—供电；15—信号；F—制动灯开关；$M_9$—制动灯；$M_{10}$—制动灯；J217—变速器控制单元

### 7. 强制低速挡开关

强制低速挡开关安装在节气门拉索上，当节气门开度达到一定值（全开或超过95%开度）时，此开关应闭合，这表示驾驶员要求较高的动力，变速器控制 ECU 接到此信号后，将降低一个挡位，如图 4-10 所示。

图 4-10 强制低速挡开关

如果触动此开关：

当车速 >120 km/h 时，触动此开关，电子控制单元不反应；

当车速 ≤50 km/h 时，触动此开关，则向下换一挡；

当车速 ≈80 km/h 时，触动此开关，切断空调关机 8 s。

### （三）执行器

电子控制系统的执行器主要指电磁阀和故障指示灯，电磁阀将在学习任务 5 中做详细介绍。

### 1. 变速杆锁止电磁阀

变速杆锁止电磁阀安装在变速杆下面的换挡操纵机构上，如图 4-11 所示。变速杆锁止电磁阀的电磁线圈一端与 15 号线相连，另一端连接自动变速器 ECU 控制接地。打开点火开关，变速杆锁止电磁阀通电吸合，将变速杆锁住，就不能从 P 或 N 挡换到其他挡位。只有踩下制动踏板，ECU 收到制动灯开关信号，这时 ECU 切断变速杆锁止电磁阀的接地，使其释放，变速杆才能换到其他挡位。

**2. 空挡起动和倒车灯继电器**

空挡起动和倒车灯继电器安装在中央继电器盒处，空挡起动和倒车灯继电器接收多功能开关信号，防止变速器换挡杆在行驶挡时起动发动机，同时挂上倒挡接通倒车灯。

### （四）电子控制单元

**1. 电子控制单元**

（1）电子控制单元是自动变速器的大脑，它收到节气门信号、变速器转速传感器信号、车速传感器信号等感知元件的信号，按模糊控制原理计算升降挡时机，输出指令，驱动电磁阀等执行元件动作。

图 4-11　变速杆锁止电磁阀

（2）与其他控制单元之间的连接。

如图 4-12（a）所示，电子控制单元的 CPU（中央处理器）用于译码指令和进行数据处理，RAM（随机存储器）和 ROM（只读存储器）用于存储程序和数据，以及具有与外部传感器、控制开关和执行器进行数据交换的输入/输出（I/O）接口。

自动变速器的电子控制单元除用于控制变速器本身的工作外，还通常与其他系统的电子控制单元相连，如发动机电子控制单元（发动机 ECU）、巡航电子控制单元（TCM ECU）、ABS 电子控制单元（ABS ECU）等。从这些电子控制单元中获得与自动变速器有关的信号，使其他系统的工作与自动变速器相配合，如图 4-12（b）所示。

资源 4-5　自动变速器电子控制单元

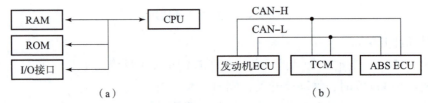

图 4-12　电子控制单元的组成及与其他控制单元之间的连接
（a）电子控制单元的组成；（b）与其他控制单元之间的连接

（3）控制电路。

大众 01M 自动变速器控制系统电路图如图 4-13 所示。

**2. 锁止离合器控制**

自动变速器 ECU 将各种行驶模式下锁止离合器的工作方式编程存入存储器，然后根据各种输入信号，控制锁止离合器电磁阀的通、断电，从而控制锁止离合器的工作。

（1）锁止离合器的工作条件

如果锁止离合器满足以下 5 个工作条件，自动变速器 ECU 会接通锁止离合器电磁阀，使锁止离合器处于接合状态。

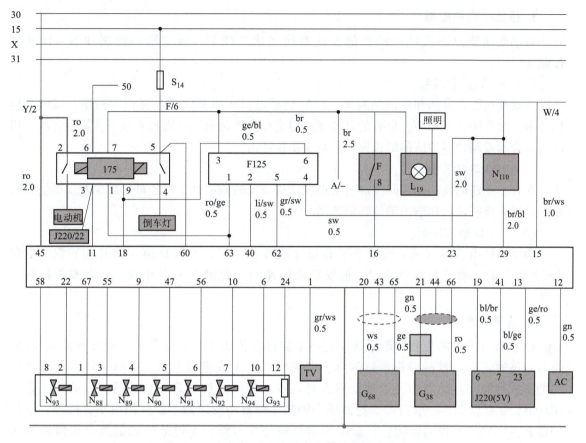

图 4-13 大众 01M 自动变速器控制系统电路图

①变速杆置于 D 位，且挡位在 $D_2$、$D_3$、$D_4$ 挡。
②车速高于规定值。
③节气门开启，节气门位置传感器 IDL 触点闭合。
④冷却液温度高于规定值。
⑤未踩下制动踏板，制动灯开关未接通。

（2）锁止的强制取消。

如果符合下面条件中的任何一项，ECU 就会给锁止离合器电磁阀断电，使锁止离合器分离。

①踩下制动踏板，制动灯开关接通。
②发动机怠速，节气门位置传感器 IDL 触点闭合。
③冷却液温度低于规定值（如 60 ℃）。
④当巡航系统工作时，车速降至设定车速以下至少 10 km/h。

早期的电控自动变速器中，控制锁止离合器的电磁阀是采用开关式电磁阀，即通电时锁止离合器接合，断电时锁止离合器分离。目前许多新型电控自动变速器采用占空比式电磁阀作为锁止离合器电磁阀，计算机在控制锁止离合器接合时，通过改变脉冲电信号的占空比，让锁止离合器电磁阀的开度缓慢增大，以减小锁止离合器接合时所产生的冲击，使锁止离合器的接合过程变得更加柔和。

## 3. 换挡平顺性控制

自动变速器改善换挡平顺性的方法有换挡油压控制、减少转矩控制和 N-D 换挡控制。

（1）换挡油压控制。

自动变速器在升挡和降挡的瞬间，ECU 会通过由压电磁阀适当降低主油压，以减少换挡冲击，改善换挡平顺性。也有的自动变速器是在换挡时通过电磁阀来减小蓄能器背压，以减缓离合器或制动器油压的增长率，来减少换挡冲击。

（2）减少转矩控制。

在自动变速器换挡的瞬间，通过推迟发动机点火时刻或减少喷油量，减少发动机输出转矩，以减少换挡冲击和输出轴的转矩波动。

（3）N-D 换挡控制。

当变速杆由 N 位（或 P 位）置于 D 位（或 R 位）时，或由 D 位（或 R 位）置于 P 位（或 N 位）时，通过调整喷油量，把发动机转速的变化减少到最小限度，以改善换挡平顺性。

## 4. 故障自诊断

ECU 具有内置的自我诊断系统，它不断监控各传感器、信号开关、电磁阀及其线路，当有故障时，ECU 使故障指示灯闪烁，以提醒驾驶人或维修人员，并将故障内容以故障码的形式存储在存储器中，以便维修人员读取故障码。如果自动变速器出现故障，除了 OD/OFF 等会点亮，一般自动变速器还会锁挡，即自动变速器不会升挡也不会降挡，锁挡一定有故障码。当故障排除后，故障指示灯将停止闪烁，不过故障码仍然会保留在 ECU 存储器中。

## 5. 失效保护

当自动变速器出现故障时，自动变速器会进入紧急状态，只有 1、3、R 挡可以使用，以维持汽车行驶，便于汽车进厂维修。

（1）传感器出现故障时 ECU 所采取的失效保护措施。

节气门位置传感器出现故障时，自动变速器不进入紧急状态，此时以中等负荷信号（50%）进行工作，但此时停止逻辑控制，锁止离合器也停止工作。

车速传感器出现故障时，此信号可以由发动机转速信号代替，所以此时自动变速器不会进入紧急状态，但液力变矩器的锁止离合器不会锁止。

冷却液或 ATF 温度传感器出现故障时，故障反应为温度高，则无法进入高挡位；故障反应为温度低，则换挡迟缓，不容易进入高挡位。

（2）电磁阀出现故障时 ECU 所采取的失效保护措施。

换挡电磁阀出现故障时，则自动变速器进入紧急状态，用诊断仪对其故障进行查询，若电磁阀损坏，则需要更换阀体总成。

### （五）自动变速器电子控制系统检测

（1）执行自诊断。

（2）查询故障存储器。

（3）执行基础设定。调整油门拉索、更换节气门体、更换发动机电子控制单元、更换自动变速器电子控制单元、更换变速器总成、大修发动机或更换发动机总成后都需要做基础设定。

（4）清查故障存储码。

（5）结束输出。

（6）读取动态数据流。

## 二、任务实施

### 任务　电子控制系统检修与故障诊断

**1. 任务说明**

一辆装有自动变速器的轿车，在行驶过程中，换挡一直有延迟现象，仪表故障灯常亮，请按技术标准对自动变速器主要部件进行检修，判断其技术状况。若需要修复，请制订修复工艺流程。

**2. 技术要求与标准**

①学员能够在 45 min 内独立完成此项目。

②电子控制系统检修与故障诊断技术标准见表 4 – 1。

表 4 – 1　电子控制系统检修与故障诊断

| 检修项目 | 技术标准 | 检测结果 |
| --- | --- | --- |
| 大众 01M 开关式电磁阀的检测 | 60 Ω | |
| ATF 温度传感器的检测 | 2.5 ~ 4.5 kΩ | |
| 变速器转速传感器的检测 | 0.8 ~ 1.0 kΩ | |
| 读取故障码 | 系统正常 | |

**3. 设备器材**

（1）装有大众 01M 自动变速器的大众系列轿车一辆。

（2）博世 KT600 汽车故障诊断仪一台。

（3）汽车专用万用表一只。

（4）常用工具一套。

（5）吸油棉纱、油盘等。

**4. 作业准备**

（1）准备轿车。　　　　　　　　　　　　　□ 任务完成

（2）准备举升机。　　　　　　　　　　　　□ 任务完成

（3）准备检测仪器。　　　　　　　　　　　□ 任务完成

（4）准备常用工具。　　　　　　　　　　　□ 任务完成

（5）准备记录单。　　　　　　　　　　　　□ 任务完成

### 5. 操作步骤

（1）节气门体的检修。

节气门体性能的优劣，直接关系到自动变速器能否正常使用，当发动机怠速不稳、加速不良时，要对其进行清洁或检修。

①节气门体的清洁。

使用专用清洗剂对电子节气门体进行清洗，使节气门轴转动灵活，无卡滞，然后进行装复，如图4-14所示。

图4-14　使用专用清洗剂对电子节气门体进行清洗

②节气门位置传感器检修。

节气门位置传感器电路图如图4-15所示。

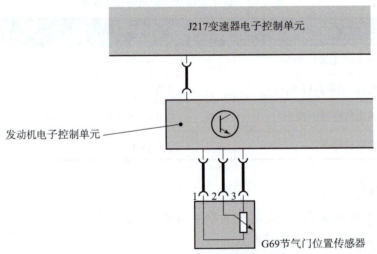

图4-15　节气门位置传感器电路图

检测节气门传感器端，相关端子对地电压见表4-2。

表4-2　节气门传感器端，相关端子对地电压　　　　　　V

| 端子号<br>状态 | 1# | 2# | 3# |
|---|---|---|---|
| 标准描述 | 5 | 0~5 | 0 |

(2) ATF 温度传感器的检测。

大众 01M 自动变速器 ATF 温度传感器及线束接头,如图 4-16 所示。

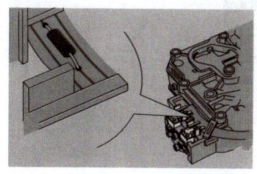
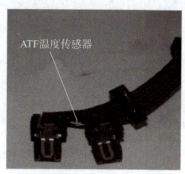

图 4-16　大众 01M 自动变速器 ATF 温度传感器及线束接头

①电阻的检测。

将点火开关置于"OFF"挡,拔下传感器插接器,用万用表电阻挡测量传感器两端子之间的电阻,标准电阻见表 4-3。如不符,则更换 ATF 温度传感器。

表 4-3　标准电阻

| 条件 | 20 ℃ | 60 ℃ | 120 ℃ |
| --- | --- | --- | --- |
| 电阻值/kΩ | 247 | 48.8 | 7.4 |

②线束的检测,测量传感器与电控单元插接器的电阻,应小于 1 Ω,否则应更换线束。

(3) 变速器转速传感器的检测。

①检查变速器转速传感器及 O 形密封圈是否完好,如图 4-17 所示。

②检测变速器转速传感器电阻,如图 4-18 所示。

将点火开关置于"OFF"挡,拔下传感器插接器,用万用表电阻挡测量传感器侧插接器上两端子之间电阻。电阻值应是 0.8 ~ 1.0 kΩ,如不符,则更换转速传感器。

资源 4-6　检查变速器转速传感器

图 4-17　检查变速器转速传感器及 O 形密封圈

(4) 故障码的读取与清除。

①检查 EPC 灯、故障灯,如图 4-19 所示。打开点火开关,EPC 灯和故障灯都亮,起动发动机 3 ~ 5 s 后,如果灯不亮,为正常状态。

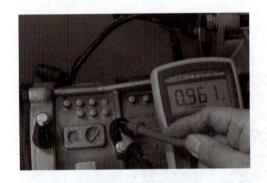

图 4-18 转速传感器电阻的检测

资源 4-7 读取故障码

图 4-19 检查 EPC 灯、故障灯

②连接"诊断座"和故障诊断仪，如图 4-20 所示。

图 4-20 连接"诊断座"和故障诊断仪

③进入菜单"汽车诊断"，选择车型"大众"，如图 4-21 所示。

图 4-21 进入菜单"汽车诊断"，选择车型"大众"

④按系统选择，如图 4-22 所示。

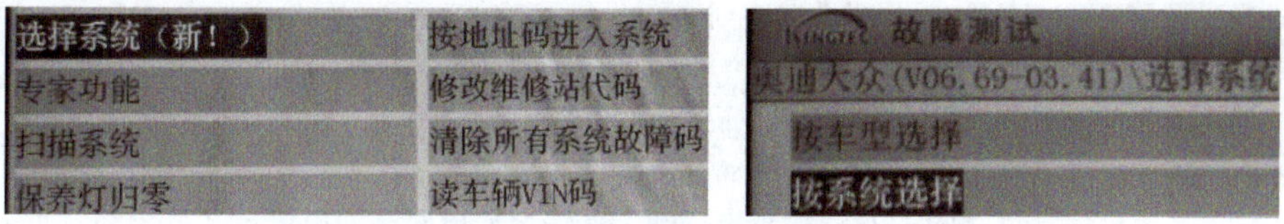

图4-22 按系统选择

⑤进入"自动变速电子控制系统",读取故障码,如图4-23所示。

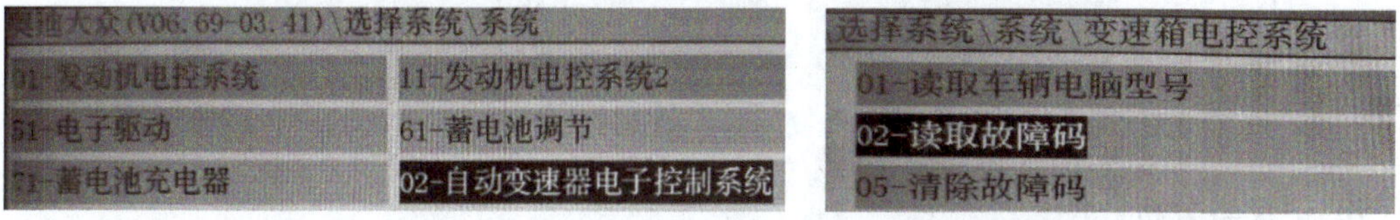

图4-23 进入"自动变速器电子控制系统",读取故障码

⑥检查自动变速器电子控制系统是否正常,如图4-24所示。

图4-24 检查自动变速器电子控制系统是否正常

(5) 读取数据流。
①读取变速器输入轴转速、车速传感器速度,如图4-25所示。
②检查节气门角度、选挡杆位置,如图4-26所示。
③检查变速器电磁阀工作情况和通过工作电磁阀的电流,如图4-27所示。
④读取变速器油温,检查液力变矩器锁止离合器的工作状况,如图4-28所示。

资源4-8 读取数据流

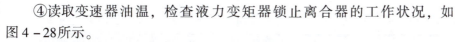

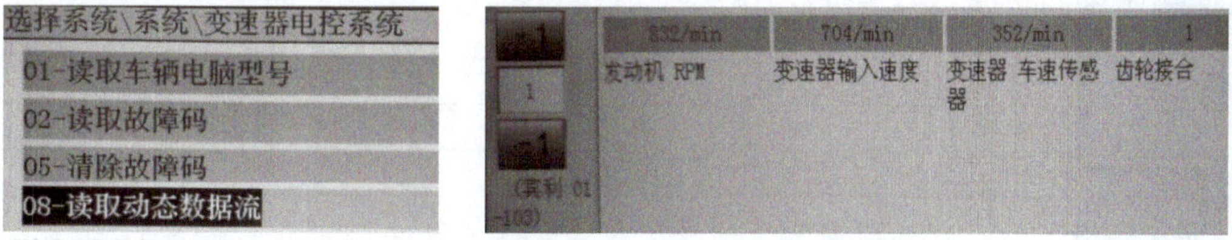

图4-25 读取变速器输入轴转速、车速传感器速度

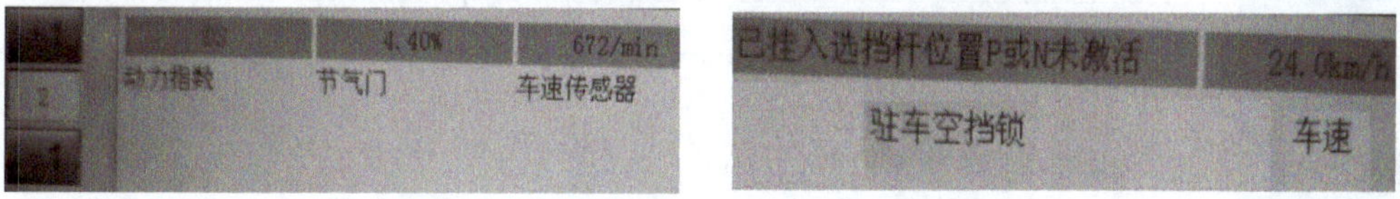

图4-26 检查节气门角度、选挡杆位置

图 4-27 检查电磁阀工作情况和电磁阀的电流

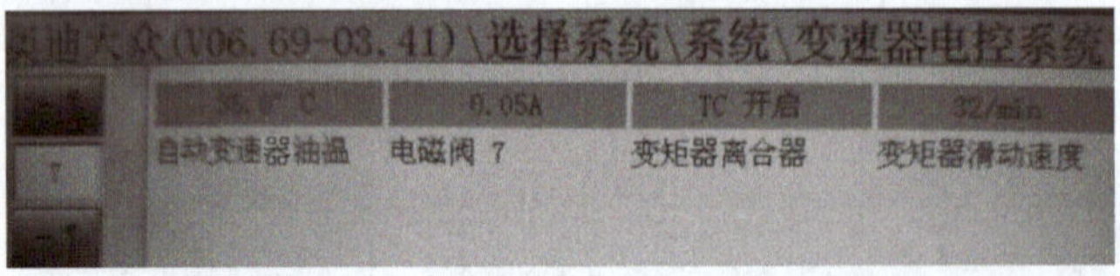

图 4-28 读取自动变速器油温,检查液力变矩器离合器的工作状况

### 6. 记录与分析

## 任务 电子控制系统检修与故障诊断作业记录单

| 基本信息 | 班级 | | 姓名 | | 学号 | |
|---|---|---|---|---|---|---|
| | 设备型号 | | 任务名称 | | 日期 | |
| | 检修项目 | | | 检修结果 | | |
| 电子控制系统部件的检测 | | | | | | |
| | | | | | | |
| | | | | | | |
| | | | | | | |
| | | | | | | |
| 故障码的读取与清除 | 步骤 | | | | | |
| | | | | | | |
| | | | | | | |
| | | | | | | |
| | | | | | | |
| | | | | | | |
| 故障码分析 | | | | | | |
| 读取数据流 | 步骤 | | | 数据流 | | |
| | | | | | | |
| | | | | | | |
| | | | | | | |
| | | | | | | |
| 课后思考 | | | | | | |

## 三、拓展学习

### 电子控制系统控制开关

**1. 模式选择开关**

模式选择开关又称程序选择开关,是供驾驶员选择所需要的行驶或换挡模式的开关,用于选择变速器的控制模式。

大部分车型都具有常规模式（N 或 NORM）和动力模式（P 或 PWR）,有些车型还有经济模式（E 或 ECO）、雪地模式（SNOW）、保持模式（HOLD）和手动模式（MANUAL）。自动变速器 ECU 根据所选择的行驶模式执行不同的换挡程序,控制换挡和锁止正时。如选择动力模式,自动变速器会推迟升挡,以提高动力性;选择经济模式,自动变速器会提前升挡,以提高经济性,常规模式介于二者之间。

常见的具有常规和动力两种模式的选择开关及电路图如图 4-29 所示,当开关接通 NORM,仪表板上 NORM 指示灯点亮,同时自动变速器 ECU 的 PWR 端子的电压为 0V,ECU 从而知道选择了常规模式。当开关接通 PWR,仪表板上 PWR 指示灯点亮,同时自动变速器 ECU 的 PWR 端子的电压为 12 V,ECU 则知道自动变速器选择了动力模式。

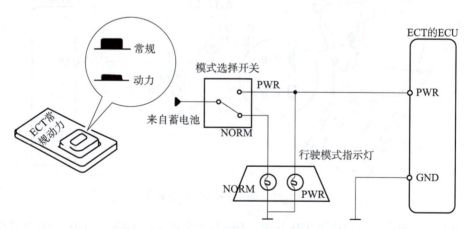

图 4-29　模式选择开关及电路图

**2. 驻车挡/空挡起动（P/N）开关**

驻车挡/空挡起动开关有两个功用:一是给自动变速器 ECU 提供挡位信息;二是保证只有变速杆置于 P 位或 N 位才能接通起动机的电路,起动发动机。

驻车挡/空挡起动开关电路图如图 4-30 所示。当变速杆置于不同的挡位时,仪表板上相应的挡位指示灯会点亮。当 ECU 的端子 N、2 或 L 与端子 E 接通时,ECU 分别确定变速器位于 N 位、2 位或 L 位;否则,ECU 就确定变速器位于 D 位。只有当变速杆置于 P 位或 N 位时,端子 B 与 NB 接通,才能给起动机通电,使发动机起动。

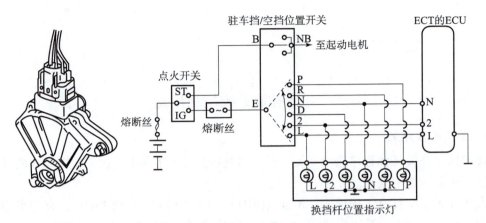

图 4-30 驻车挡/空挡起动开关电路图

### 3. 超速挡控制开关（OD 开关）

超速挡控制开关（OD 开关）一般安装在变速杆上，由驾驶员操作控制，可以使自动变速器有或没有超速挡。

如图 4-31 所示，当按下 OD 开关（ON），OD 开关的触点实际为断开状态，此时 ECU 的 $OD_2$ 端子的电压为 12V，自动变速器可以升至超速挡，且 OD/OFF 指示灯不亮。

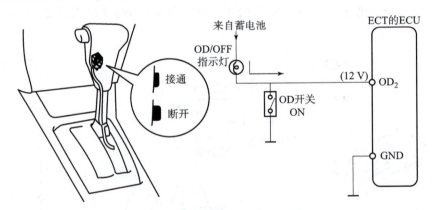

图 4-31 OD 开关 ON 的电路图

如图 4-32 所示，再次按下 OD 开关，OD 开关会弹起（OFF），OD 开关的触点实际为闭合状态，此时 ECU 的 $OD_2$ 端子的电压为 0V，自动变速器不能升至超速挡，且 OD/OFF 指示灯点亮。

### 4. 驻车挡/空挡起动开关的检测

驻车挡/空挡位置开关检测变速杆位置，并向 ECU 发送信号，U341E 自动变速器挡位传感器电路图如图 4-33 所示。

（1）从蓄电池负极端子断开电缆，分离自动变速器控制拉索总成。

（2）拆卸驻车挡/空挡位置开关总成，断开驻车挡/空挡位置开关插接器。

（3）根据图 4-34 中插接器端子测量电阻，标准电阻值见表 4-4。

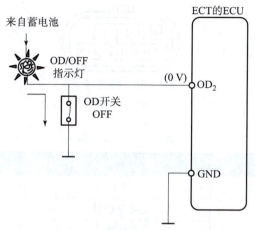

图 4-32 OD 开关 OFF 的电路图

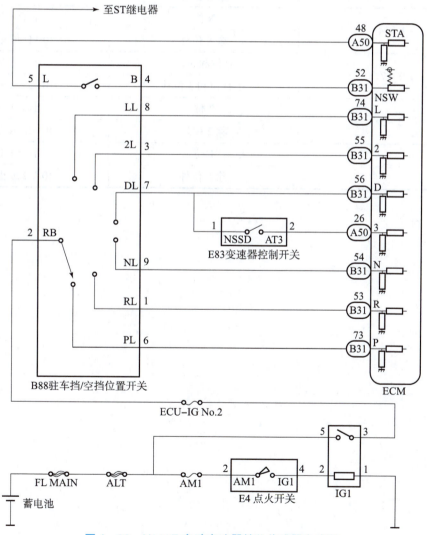

图 4-33 U341E 自动变速器挡位传感器电路图

图 4-34 插接器端子

表 4-4 标准电阻值

| 检测仪连接 | 条件 | 规定标准 |
| --- | --- | --- |
| 2-6 和 4-5 | P 位 | 小于 1 Ω |
|  | 除 P 位外 | 10 kΩ 或更大 |
| 2-1 | R 位 | 小于 1 Ω |
|  | 除 R 位外 | 10 kΩ 或更大 |
| 2-9 和 4-5 | N 位 | 小于 1 Ω |
|  | 除 N 位外 | 10 kΩ 或更大 |
| 2-7 | D 位和 3 位 | 小于 1 Ω |
|  | 除 D 位和 3 位外 | 10 kΩ 或更大 |
| 2-3 | 2 位 | 小于 1 Ω |
|  | 除 2 位外 | 10 kΩ 或更大 |
| 2-8 | L 位 | 小于 1 Ω |
|  | 除 L 位外 | 10 kΩ 或更大 |

# 学习任务 5
## 自动变速器液压控制系统

故障现象：一辆装有自动变速器的汽车，无论操纵手柄位于倒挡还是前进挡，都不能正常行驶。冷车起动后汽车可以行驶一段路程，但稍一热车就不能行驶了。

原因分析：根据以上现象判断，故障很有可能是由液压油引起的。首先拔出油尺，检查自动变速器油面高度，液面正常。拆下主油路测压孔上的螺塞，起动发动机，将操纵手柄拨至前进挡或倒挡，检查测压孔没有液压油流出，再打开油底壳，检查手动阀也正常，则可能是油泵损坏。这时应拆卸自动变速器，检修油泵。

1. 描述液压控制系统的基本组成和原理；
2. 描述油泵的结构原理；
3. 描述液压控制系统各种阀体的结构原理；
4. 能够分析液压控制系统各挡位油路路线；
5. 能够进行液压控制系统的检修。

## 一、知识准备

### （一）液压控制系统的基本组成和原理

**1. 液压控制系统的基本组成**

液压控制系统的基本组成包括动力源、换挡执行元件和控制机构三大部分。

液压控制系统的动力源是油泵，它是整个液压控制系统的工作基础，各种阀体的动作、换挡执行元件的工作等都需要一定压力的 ATF。油泵的基本功用就是提供满足需求的 ATF 油量和油压。

换挡执行元件主要由离合器、制动器、液压缸等组成，其功用是在控制油压的作用下实现离合器、制动器的接合和分离，以得到相应的挡位。

控制机构包括阀体和各种阀，如主油压调节阀、手动阀、电磁阀等。

液压控制系统还包括一些辅助装置，如用于防止换挡冲击的单向阀、滤清器、散热器等。

**2. 液压控制系统的作用**

液压控制系统的作用是向自动变速器各部分提供一定压力、足够流量、合适温度的液压油。具体作用是：

(1) 为用油元件提供主油路油压。
(2) 调节油泵产生的最高油压。
(3) 提供不同温度和不同车速下的主油压。
(4) 为液力变矩器供油。
(5) 为锁止离合器提供锁止油压。
(6) 提供换挡时的缓冲油压。
(7) 提供润滑和散热油压。

**3. 自动变速器的换挡原理**

电控自动变速器自动换挡，换挡过程受到计算机控制。电子控制单元对发动机负荷信号和车速信号进行分析，对控制阀体上的阀门或电磁阀发出动作指令，实现自动换挡。

电控自动变速器的换挡原理如图5-1所示，起动发动机时，油泵建立油压，主油压调节阀调节主油路油压。当驾驶员选择D挡位置时，手动阀将主油压送入换挡阀中间，作为工作油压；同时，换挡阀两端有过节流口节流后的控制油压，此控制油压由电磁阀控制。控制单元根据挡位开关、车速传感器、节气门位置传感器等信号，根据预先存储在控制单元内部的程序，向电磁阀1和电磁阀2发出指令，控制挡位的自动变换。

汽车起步时，节气门开度大，车速较低，电子控制单元会接收到相应传感器信号，根据内部存储程序，向电磁阀发出指令，使电磁阀1断电，泄油口仍关闭，压力保持；使电磁阀2通电，泄油口打开，压力降低，使换挡阀移动至最右边，此时主油路油压送至低挡位换挡执行元件。随着车速的增加，控制单元检测到车速信号增加到高挡位行驶速度，根据换挡程序使电磁阀1通电，泄油口打开，压力降低；使

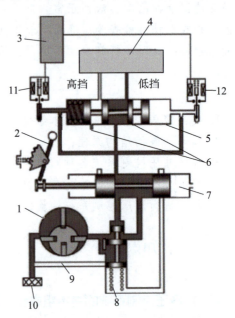

图5-1 电控自动变速器的换挡原理
1—油泵；2—挡位操作手柄；3—电子控制单元；
4—换挡执行元件；5—换挡阀；6—泄油口；
7—手动阀；8—主调压阀；9—回油管；
10—滤清器；11—电磁阀1；12—电磁阀2

电磁阀2断电，泄油口关闭，压力保持，使换挡阀左移，使主油路油压送至高挡位换挡执行元件，使汽车升挡。

**(二) 油泵**

油泵会产生一定压力和流量的液压油，供给液力变矩器、液压控制系统和行星齿轮变速器。油泵是液压控制系统的动力源，一般位于液力变矩器和行星齿轮变速器之间，由液力变

矩器后端轴套驱动。油泵类型主要有齿轮泵、转子泵和叶片泵。

**1. 齿轮泵**

齿轮泵分为内啮合齿轮泵与外啮合齿轮泵两种，内啮合齿轮泵的应用比较广泛。

内啮合齿轮泵主要由泵盖、泵体、一对内啮合齿轮等组成，内啮合齿轮分解图如图 5-2 所示。

资源 5-1　齿轮泵

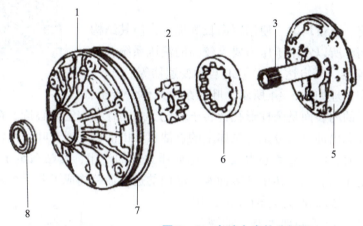

图 5-2　内啮合齿轮分解图

1—泵体；2—主动齿轮；3—导轮轴；4—密封圈；5—泵盖；6—从动齿轮；7—O 形密封圈；8—油封

内啮合齿轮泵结构如图 5-3 所示，泵体上有间距不等的 7 个螺栓孔，通过这些螺栓将油泵固定到变速器壳体上，泵体上有进油口、进油腔、出油口、出油腔。泵体上的月牙台隔板将进油腔和出油腔隔开，泵体上还有离合器油道、液力变矩器油道、通气孔等，在泵体的中心孔处还有铜套和油封。泵盖上有均匀分布的 13 个螺栓孔，将泵盖固定在泵体上，以防油压过大造成泵盖变形而漏油。泵盖轴上的花键插入液力变矩器，用于固定导轮单向离合器内圈，使导轮被单向固定。

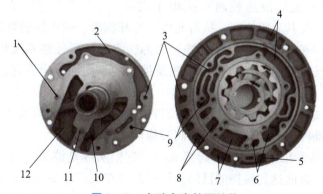

图 5-3　内啮合齿轮泵结构

1，6，9—通液力变矩器；2，4—通气孔；3—离合器油道；5—通散热器；
7—进油口；8—出油口；10—出油腔；11—润滑油孔；12—进油腔

内啮合齿轮泵的工作原理是泵内有一对内啮合齿轮，小齿轮是主动轮，其内侧有两个齿，插入泵轮轴上的凹槽，用于驱动油泵运转。在油泵工作过程中，主动齿轮带动从动齿轮转动，在齿轮脱离啮合的一端，容积不断变大，产生真空吸力，把ATF从油底壳经滤网吸入油泵。在齿轮进入啮合的一端，容积不断减小，油压升高，把ATF从出油腔挤压出去。这样，油泵不断地运转，就形成了具有一定压力的油液，供给自动变速器以维持其正常工作。油泵由发动机经液力变矩器直接驱动，所以会随发动机转速改变而改变，其排油量也随之变化。油泵的实际泵油量小于理论泵油量，因为油泵各密封间隙有一定泄漏，其泄漏量与间隙的大小和输出压力有关。

### 2. 叶片泵

叶片泵具有结构紧凑、流量均匀、使用寿命长等优点，但其结构较复杂，制造精度要求高，所以常用于压力要求较高的液压系统，如美国通用4T65E自动变速器，马自达R4A-EL自动变速器等。

资源5-2　叶片泵

单作用叶片泵的工作原理如图5-4所示，叶片泵由泵体、定子、转子、叶片等组成。定子的内表面是圆柱形孔，转子和定子之间存在一定偏心量。在定子和转子的两个端面有进油腔和出油腔，分别与泵体上的进油口和出油口相通。叶片在转子的槽内可灵活滑动，转子旋转时，叶片靠离心力及叶片槽底压力油的作用，紧贴在定子内壁上，这样两个相邻的叶片与定子内表面、转子外表面及两端面的进出油腔构成了若干个密封的工作容积。当转子旋转时，右边的叶片逐渐伸出，相邻两叶片的容积逐渐增大，形成局部真空，油液经进油口、进油腔进入工作容积，即为吸油过程。而左边的叶片被定子内表面逐渐压进槽内，工作容积逐渐减小，将油液经出油腔压向出油口，即为压油过程。

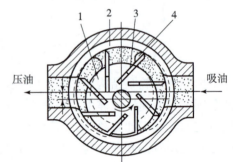

图5-4　单作用叶片泵的工作原理
1—转子；2—定子；3—叶片；4—泵体

### （三）自动变速器液压控制系统

#### 1. 大众01M自动变速器液压控制系统组成

大众01M自动变速器液压控制系统由主供油路、控制信号、换挡及其品质控制、执行元件、冷却润滑、锁止控制等几部分组成。

（1）主供油路是整个液压控制系统的动力源，它向液压控制系统提供具有足够压力和流量的工作介质，且压力随发动机负荷车速及挡位的不同而相应变化，主要包括油泵和调压阀。

（2）控制信号是换挡的依据，主要有三个参数，变速杆的位置、节气门开度、车速，这三个参数是由手动阀、节气门阀、速控阀转换而来的。

（3）换挡控制是由几个换挡控制阀组成的，它们实际是油路开关，根据控制信号的指令，实现油路的转换进而达到换挡的目的。换挡品质控制部分是保证换挡平顺，避免换挡冲击，由蓄压器、缓冲阀、压力调节阀、节流孔等组成。换挡及其品质控制主要通过阀板上的阀体来完成。

（4）执行元件主要指离合器和制动器。

（5）冷却润滑主要是润滑液力转动装置和齿轮变速装置的所有元件及冷却工作介质，保证正常工作温度，包括次调压阀、润滑油路、冷却油路等。

（6）锁止控制是在不同挡位下达到一定车速时，使液力变矩器的泵轮与涡轮锁止，提高变矩器效率。

**2. 大众01M自动变速器液压控制机构**

以大众01M自动变速器为例进行自动变速器液压控制机构的分析，其阀板结构如图5-5所示，具体包括如下部件。

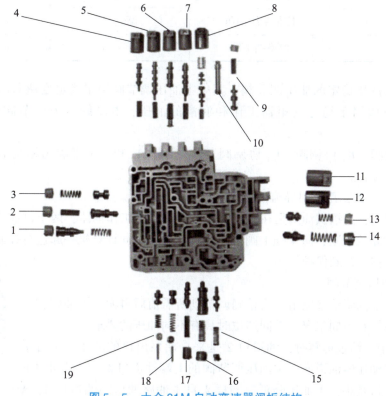

图5-5 大众01M自动变速器阀板结构

1—$B_2$供油泄油转换阀；2—$K_1$供油泄油转换阀；3—$B_2$协调阀；4—$N_{89}$ $B_2$制动器；5—$N_{88}$ $K_1$离合器；6—$N_{92}$换挡平顺阀；7—$N_{90}$ $K_3$离合器；8—$N_{91}$锁止离合器；9—高挡供油阀$K_3$、$B_2$；10—手动阀$K_2$、$B_1$；11—$N_{94}$换挡平顺控制阀；12—$N_{93}$ EPC主油压调节阀；13—防4挂1阀；14—电磁阀压力调节阀；15—变矩器调节阀；16—主油压调节阀；17—增压阀；18—$K_3$协调阀；19—$K_1$协调阀

一个建立油压的油泵。

七个电磁阀，$N_{88}$～$N_{90}$为换挡电磁阀，用于打开或关闭某一油路；电磁阀$N_{92}$和$N_{94}$使换挡更平顺；电磁阀$N_{91}$和$N_{93}$是油压调节阀，用于调节系统油压大小。各电磁阀作用、类型及工作条件如表5-1所示。

表5-1 各电磁阀作用、类型及工作条件

| 电磁阀 | 作用 | 类型 | 工作条件 |
| --- | --- | --- | --- |
| $N_{88}$ | 控制离合器$K_1$ | 开关阀 | 断电起作用 |
| $N_{89}$ | 控制制动器$B_2$ | 开关阀 | 通电起作用 |

续表

| 电磁阀 | 作用 | 类型 | 工作条件 |
| --- | --- | --- | --- |
| $N_{90}$ | 控制离合器 $K_3$ | 开关阀 | 断电起作用 |
| $N_{91}$ | 控制锁止离合器 | 渐进阀 | 通电起作用 |
| $N_{92}$ | 使换挡平顺 | 开关阀 | 通电起作用 |
| $N_{93}$ | 控制系统油压 | 渐进阀 | 通电起作用 |
| $N_{94}$ | 使换挡平顺 | 开关阀 | 通电起作用 |

三个保持液压稳定的油压调节阀，其中主油压调节阀用于稳定变速器的工作压力，变矩器压力调节阀用于稳定变矩器工作和润滑的油压，电磁阀压力调节阀用于工作油压调节。

三个协调阀（$K_1$ 协调阀、$K_3$ 协调阀、$B_2$ 协调阀）和一个平顺阀相互结合控制离合器和制动器平稳接合。

手动阀 $K_2$、$B_1$，用于引导流向不同油路的工作压力。

其他的阀门，高挡供油阀是在高挡时切断低速挡的工作油路；两个供油泄油转化阀是控制 $K_1$ 和 $B_2$ 油路的通断；防 4 挂 1 阀是在高速挡 4 挡时同计算机一起进行控制，当挂入 1 挡时延迟降到 1 挡，起到保护作用。

（1）主油压调节阀。

主油压调节阀将油泵输出压力精确调节到所需值后再输入主油路，以满足主油路系统在不同工况、不同挡位时具有不同油压的要求。

图 5-6 中，油泵运转时，油道口 2 是来自油泵出口的油压。来自手动阀的主油路油压经油道通至主油压调节阀的上端油道口 4，使滑阀向下移动，使进油口减小，主油压降低，同样来自主油路油压的油道口 8，A 处油压向下的作用面积大于向上的面积，使滑阀向下移动。在滑阀的下端，作用着弹簧的弹力和来自增压阀的油压，使滑阀向上移动，使进油口增大。当节气门开度较大时，由于发动机输出功率和变速器传递扭矩较大，为防止执行元件打滑，主油路油压要相应升高。电子控制单元根据传感器信号，控制电磁阀 $N_{93}$ 的电脉冲增大，改变增压阀的位置，从而使油道口 3 作用于主油压调节阀下端的油压增大，从而使主油路油压升高。多余的油从油道口 1 或油道口 6 流回油底壳或油泵泄油口。

总之，主油压是靠电子控制调节的，电磁阀 $N_{93}$ 调整出不同的增压油压，使滑阀改变节流口的大小，通过节流作用控制主油压的大小。

资源 5-3　主油压调节阀

（2）变矩器压力控制阀。

变矩器压力控制阀的作用是将来自主调阀节流调节后的油压，再次调节稳压后输出给电磁阀 $N_{91}$ 锁止离合器开关阀。如图 5-7 所示，该阀下端作用着弹簧力将阀向上推，该阀上端作用着经主调阀节流调节后的油压将阀向下推，当上下两力平衡时，便有一个稳定的输出油压。

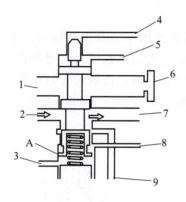
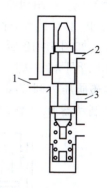

图 5-6 主油压调节阀

1—回油泵；2—来自油泵；3—来自增压阀；4,5—来自手动阀；
6—来自油底壳；7—去手动阀和电磁阀压力调节阀；8—主油压；
9—去变矩器压力调节阀

图 5-7 变矩器压力控制阀

1—去 $N_{91}$ 锁止离合器开关阀；2—放气口；
3—来自主调压阀

（3）手动阀。

手动阀作用是将自动变速器变速杆的位置信号输送给控制阀体，通过连动杆与变速杆相连，变速器杆换至不同挡位，把手动阀拉到不同位置，可实现油路转换。如图 5-8 所示，手动阀上油道口 3 是来自主油路的油液，其余均为出油口，流向各种控制阀或泄油口。当变速杆置于 P 挡，手动阀的阀芯被拉到相应 P 挡位置，此时，油道口 3 和油道口 4 相通，其余油口均关闭，使得来自主油路的油液经手动阀输送到主油压调节阀右端和 $K_1$ 换挡阀。同理，当换挡杆置于不同位置时，主油路油液经手动阀实现油路转换。

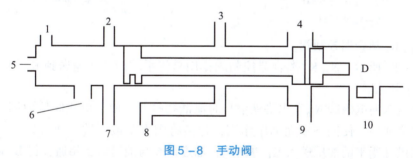

图 5-8 手动阀

1—去主调压和 $B_2$ 换挡阀；2—去离合器 $K_2$；3—来自主油道；4—去主调压阀右端和 $K_1$ 换挡阀；5,6—泄油口；
7,10—去 $K_1$ 换挡阀；8—去 $B_1$ 供油阀；9—去高挡供油阀

（4）$N_{88}$ $K_1$ 离合器换挡阀。

$N_{88}$ $K_1$ 离合器换挡阀作用是将手动阀油压输送到 $K_1$ 供油泄油转换阀，是离合器 $K_1$ 的油路开关。如图 5-9 所示，当计算机未向电磁阀 $N_{88}$ 发出搭铁信号时泄油孔打开泄油，阀处于下端，此时油道口 3 与油道口 8 相通，将来自手动阀的主油液输送到 $K_1$ 供油泄油转换阀，油道口 6 与油道口 7 相通，将来自手动阀的主油液输送到 $N_{92}$ 换挡平顺阀，油道口 2 与泄油口相通。当计算机向电磁阀 $N_{88}$ 发出搭铁信号时泄油孔关闭，在来自电磁阀压力调节阀油液的作用下滑阀上移，此时油道口 7 与泄油口 1 相通，泄掉制动器 $B_1$ 的油压；油道口 4 与油道口 8 相通，把手动阀油压送入 $K_1$ 供油泄油转换阀；油道口 2 与油道口 3 相通，将主油压送至 $K_1$ 供油泄油转换阀左端。

(5) $N_{89}$ $B_2$ 制动器控制阀。

$N_{89}$ $B_2$ 制动器控制阀作用是将手动阀油压输送到 $B_2$ 供油泄油转换阀，是制动器 $B_2$ 的油路开关。如图 5-10 所示，当计算机未向电磁阀 $N_{89}$ 发出搭铁信号时泄油孔打开，滑阀在弹簧力作用下下移，关闭供油口。当计算机向电磁阀 $N_{89}$ 发出搭铁信号时泄油孔关闭，滑阀在来自电磁阀压力调节阀油液的作用下上移，逐渐打开节流口，将油压送入 $B_2$ 供油泄油转换阀，使制动器 $B_2$ 工作。

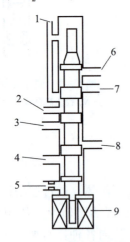
图 5-9 $K_1$ 离合器换挡阀
1—泄油口；2，8—去 $K_1$ 供油泄油转换阀；
3，4，6—来自手动阀；5—来自电磁阀压力调节阀；
7—去 $N_{92}$ $B_1$ 供油阀；
9—$N_{88}$ 电磁阀

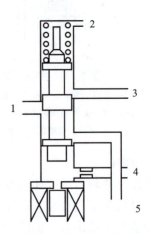
图 5-10 $B_2$ 制动器控制阀
1—去 $B_2$ 供油泄油转换阀；2—泄油口；
3—来自手动阀；4—来自电磁阀压力调节阀；
5—来自高挡供油阀

(6) $N_{90}$ $K_3$ 离合器控制阀。

如图 5-11 所示，$N_{90}$ $K_3$ 离合器控制阀作用是将手动阀油压输送到 $K_3$ 协调阀，是离合器 $K_3$ 的油路开关。

当计算机未向电磁阀 $N_{90}$ 发出搭铁信号时泄油孔打开，使从电磁阀压力调节阀来的油压经节流后全部泄掉，使阀下端无油压作用，弹簧将阀推至最下端，油道口 4 和油道口 7 相通，将高挡供油阀来的油压送入 $K_3$ 协调阀；油道口 6 与油道口 2 相通，将 $B_2$ 供油泄油阀送来的油压送入防 4 挡挂入 1 挡阀，防止直接挂入 1 挡。当计算机向电磁阀 $N_{90}$ 发出搭铁信号时泄油孔关闭，滑阀在来自电磁阀压力调节阀油液的作用下上移，使油道口 7 与油道口 3 相通，将 $K_3$ 协调阀油压泄掉；油道口 1 与油道口 2 相通，泄掉油道口 2 油压，以便可以换 1 挡。

(7) $N_{91}$ 锁止离合器控制阀。

计算机控制 $N_{91}$ 电磁阀作用是决定离合器是否锁止。如图 5-12 所示，当计算机未向电磁阀 $N_{91}$ 发出搭铁信号时泄油孔打开，使从电磁阀压力调节阀来的油压经节流后全部泄掉，使阀下端无油压作用，弹簧将阀推至最下端，节流口 a 打开，节流口 b 关闭，将来自液力变矩器调节阀调节后的油液通过油道 5 入液力变矩器前部，使液力变矩器锁止离合器处于解锁状态。当计算机向电磁阀 $N_{91}$ 发出搭铁信号时泄油孔关闭，滑阀在来自电磁阀压力调节阀油液的作用下上移，关闭节流口 a，打开节流口 b，变矩器油压从变矩器后部进入，使锁止离合器处于锁止状态。

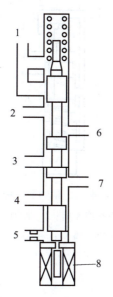

图 5-11 $K_3$ 离合器控制阀

1—泄油口；2—去防 4 挂 1 阀；3—去供油泄油
转换阀；4—来自高挡供油阀；5—来自电磁阀
压力调节阀；6—来自 $B_2$ 供油泄油转换阀；
7—去 $K_3$ 协调阀；8—去 $K_1$ 供油卸油转换阀

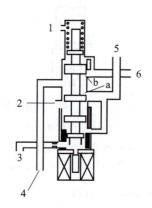

图 5-12 $N_{91}$ 锁止离合器控制阀

1—锁止离合器后部泄油口；2—锁止离合器前部泄油口；
3—来自电磁阀压力调节阀；4—去液力变矩器调节阀；
5—去液力变矩器前部；6—去液力变矩器后部

（8）$N_{92}$ 换挡平顺控制阀。

$N_{92}$ 换挡平顺控制阀作用是使换挡更加平顺，防止换挡冲击。如图 5-13 所示，阀上端作用着的弹簧力向下推阀，关小节流口 a 与 b，减小输出油压；阀下端作用着来自电磁阀压力调节阀的油压向上推阀，开大两节流口，以增大输出油压。此油压主要是靠计算机控制电磁阀通电占空比，改变节流口大小，以便控制各协调阀和制动器 $B_1$ 的油压，使换挡平顺。

（9）$K_1$ 供油泄油转换阀。

$K_1$ 供油泄油转换阀的作用是把来自 $K_1$ 换挡阀的油压调节后，送入 $K_1$ 协调阀，再次调压后送入离合器 $K_1$。如图 5-14 所示，滑阀上端作用着换挡阀 $K_1$ 来的油压向下推滑阀，来自换挡阀 $K_3$ 的油压也向下推滑阀，而滑阀下端的弹簧向上推滑阀，当上下两力平衡时，便有一个稳定的输出油压送入 $K_1$ 协调阀。

（10）$K_1$ 协调阀。

$K_1$ 协调阀作用是再次调压来自 $K_1$ 供油泄油转换阀的油压后送入离合器 $K_1$，使换挡更平顺。如图 5-15 所示，$K_1$ 协调阀下端的弹簧向上推滑阀，而其上端作用着经 $N_{92}$ 电磁阀调压后的油压使滑阀下移，当上下两力平衡时，节流口的开度保持不变，便输出稳定的油压，输送到离合器 $K_1$。此油压主要是靠计算机控制 $N_{92}$ 电磁阀的占空比，使 $N_{92}$ 调整出不同的油压值。换挡初始，可关小节流口，使输出给离合器 $K_1$ 的油压降低，以减小换挡冲击。

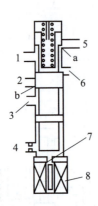
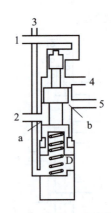

图 5－13  $N_{92}$ 换挡平顺控制阀

1—去各协调阀；2—去制动器 $B_1$；3—来自换挡阀 $K_1$；
4—来自电磁阀压力调节阀；5—来自手动阀；
6，7—泄油口；8—$N_{92}$ 电磁阀

图 5－14  $K_1$ 供油泄油转换阀

1，2—来自换挡阀 $K_1$；3—来自防4挂1阀；
4—来自换挡阀 $K_3$；5—去 $K_1$ 协调阀

（11）高挡供油阀。

高挡供油阀的作用是调整输送给 $K_3$ 与 $B_2$ 的油压。如图 5－16 所示，滑阀上端作用着弹簧力向下推阀，阀下端作用着来自 $K_1$ 换挡阀的油压向上推阀，两力抗衡决定节流口 a 的开度，调节输送给 $K_3$ 与 $B_2$ 的油压。

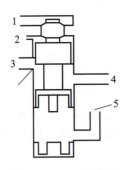
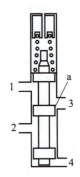

图 5－15  $K_1$ 协调阀

1—来自 $N_{92}$ 换挡平顺阀；2—泄油口；
3—来自 $K_1$ 供油泄油转换阀；4—去离合器 $K_1$；
5—$D_3$ 挡时来自电磁阀压力调节阀

图 5－16  高挡供油阀

1—来自手动阀；2—泄油口；
3—去换挡阀 $K_3$ 和 $B_2$；4—来自 $K_1$ 换挡阀

（12）增压阀。

增压阀是通过主油压调节阀来实现对主油压的调控，当换倒挡时，可通过增压阀增大主油压力，满足负荷增大的需求。

**3. 大众 01M 自动变速器各挡位油路分析**

自动变速器挡位变换是按照驾驶员的意愿，通过操纵换挡杆进行选择。当换挡杆置于 D 挡位时，变速器的升挡、降挡及换挡质量，是由计算机根据接收到的信号控制电磁阀的动作，改变油路的流向来完成的。在行驶过程中，锁止离合器的操作也是由计算机根据实际行驶条件，控制电磁阀的动作来实现的。当出现严重故障时，自动变速器会进入失效保护模式，此过程也是由计算机控制，结合油路系统保证变速器可在 3 挡和 R 挡运行。各种车型

的电控变速器都具备失效保护模式,是在变速器出现严重故障或计算机无法控制时,方便驾驶员将车开到维修厂进行检测维修。

自动变速器在不同挡位时各电磁阀的工作情况如表 5-2 所示。

表 5-2 自动变速器在不同挡位时各电磁阀的工作情况

| 电磁阀<br>挡位 | $N_{88}$ | $N_{89}$ | $N_{90}$ | $N_{91}$ | $N_{92}$ | $N_{93}$ | $N_{94}$ |
| --- | --- | --- | --- | --- | --- | --- | --- |
| P | ON | OFF | ON | OFF | ON | 调节 | OFF |
| R | OFF | OFF | ON | OFF | OFF | 调节 | OFF |
| N | ON | OFF | ON | OFF | ON | 调节 | OFF |
| $D_1$ | OFF | OFF | ON | OFF | ON | 调节 | OFF |
| $D_2$ | OFF | ON | ON | OFF | OFF | 调节 | OFF |
| $D_3$ | OFF | OFF | OFF | OFF | OFF | 调节 | ON |
| $D_4$ | ON | ON | OFF | OFF | OFF | 调节 | OFF |

(1) P 挡/N 挡位油路分析。

P 挡/N 挡位油路图如图 5-17 所示,当变速杆位于 P 挡位或 N 挡位时,起动发动机后,通过液力变矩器驱动油泵建立油压。主油压调节阀调节油压后输出主油路油液,同时经过变矩器压力调节阀调节变矩器油压。

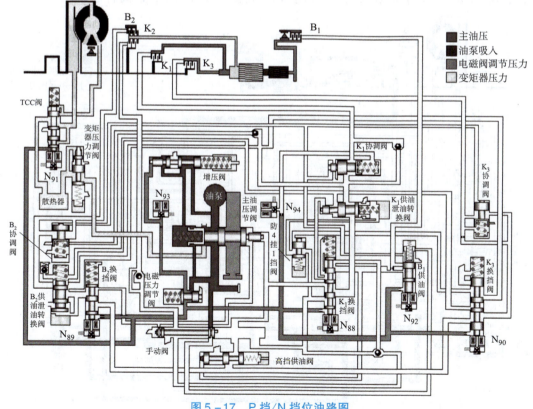

图 5-17 P 挡/N 挡位油路图

位于 P 挡位或 N 挡位时，电子控制单元会接收到相应的节气门位置传感器信号、车速传感器信号、挡位开关信号传感器信号，根据内部存储程序向换挡电磁阀 $N_{88}$、$N_{89}$、$N_{90}$ 发出指令 101（由于电磁阀是供电的，1 代表计算机控制搭铁，0 代表未控制），也就是计算机对 $N_{88}$ 和 $N_{90}$ 两个电磁阀发出搭铁信息的指令。根据各电磁阀工作原理可知，电磁阀 $N_{88}$ 通电，泄油孔关闭，阀下端有电磁阀压力调节阀输送的油压，使离合器 $K_1$ 泄油，$K_1$ 不工作；电磁阀 $N_{89}$ 断电，泄油孔打开，阀下端没有电磁阀压力调节阀输送的油压，其控制的制动器 $B_2$ 不工作；电磁阀 $N_{90}$ 通电，泄油孔关闭，阀下端有电磁阀压力调节阀输送的油压，$N_{90}$ 将 $K_3$ 协调阀油压泄掉，其控制的 $K_3$ 离合器没有油压，使离合器 $K_3$ 不工作。

位于 P 挡位或 N 挡位时，手动阀处于关闭状态，因此在 $K_1$、$K_3$ 及 $B_2$ 换挡阀处不能形成系统压力，所以变速器所有用油元件都不能工作，就无法实现动力输出。

（2）$D_1$ 挡位油路分析。

$D_1$ 挡位油路图如图 5-18 所示，位于 $D_1$ 挡位时，电子控制单元会接收到相应的节气门位置传感器信号、车速传感器信号、挡位开关信号传感器信号，根据内部存储程序向换挡电磁阀 $N_{88}$、$N_{89}$、$N_{90}$ 发出指令断、断、通；电磁阀 $N_{92}$ 通电使换挡更平顺；电磁阀 $N_{93}$ 通电调节油压。根据各电磁阀工作原理可知，电磁阀 $N_{88}$ 断电，泄油孔打开，阀下端没有电磁阀油压，$N_{88}$ 控制的 $K_1$ 换挡阀将主油压通过 $K_1$ 供油泄油阀、$K_1$ 协调阀，送至 $K_1$ 离合器，使离合器 $K_1$ 工作；电磁阀 $N_{89}$ 断电，泄油孔打开，阀下端没有电磁阀压力调节阀输送的油压，其控制的制动器 $B_2$ 不工作；电磁阀 $N_{90}$ 通电，泄油孔关闭，阀下端有电磁阀压力调节阀输送的油压，$N_{90}$ 将 $K_3$ 协调阀油压泄掉，其控制的 $K_3$ 离合器没有油压，使离合器 $K_3$ 不工作。

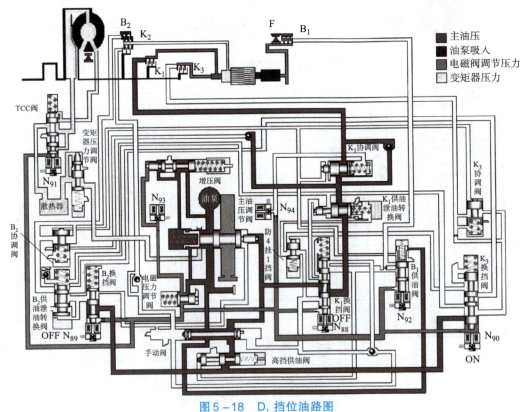

图 5-18　$D_1$ 挡位油路图

位于 $D_1$ 挡位时，由油泵来的油液经主油压调节阀调节后，分别流向液力变矩器、电磁阀压力调节阀和手动阀，又由手动阀 $D_1$ 挡位油道导通，将主油路油液输送到 $N_{88}$ $K_1$ 换挡阀，建立系统压力，由于电磁阀 $N_{88}$ 泄油孔关闭，滑阀上移，将手动阀油压输送到 $K_1$ 供油泄油阀，在经过 $K_1$ 协调阀调压后，输送给 $K_1$ 离合器，使执行元件 $K_1$ 离合器工作。

$D_1$ 挡油路主要是接通 $K_1$ 离合器，$K_1$ 工作将动力传入小太阳轮。单向离合器 F 使行星架固定，完成1挡。

（3）$D_2$ 挡位油路分析。

$D_2$ 挡位油路图如图 5-19 所示，当计算机根据节气门位置信号及车速信号在 $D_2$ 挡车速范围内，电子控制单元向3个换挡电磁阀 $N_{88}$、$N_{89}$、$N_{90}$ 发出指令断、通、通；电磁阀 $N_{93}$ 通电调节油压；其他电磁阀都断电。电磁阀 $N_{88}$ 断电，使离合器 $K_1$ 工作；电磁阀 $N_{89}$ 通电，制动器 $B_2$ 工作；电磁阀 $N_{90}$ 通电，使离合器 $K_3$ 不工作。

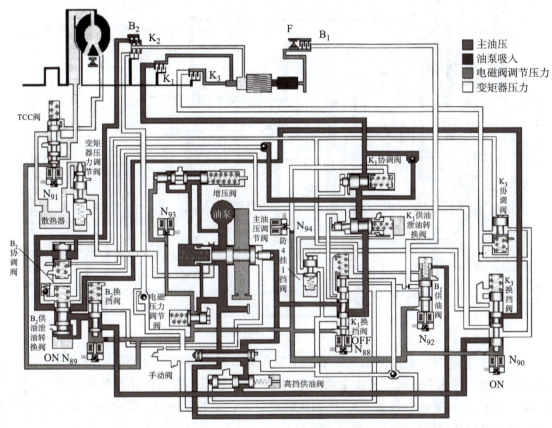

图 5-19　$D_2$ 挡位油路图

位于 $D_2$ 挡位时，由油泵来的油液经主油压调节阀调节后，分别流向液力变矩器、电磁阀压力调节阀和手动阀，又由手动阀 $D_2$ 挡位油道导通，将主油路油液输送到 $N_{88}$ $K_1$ 换挡阀，经 $K_1$ 供油泄油转换阀、$K_1$ 协调阀输送给离合器 $K_1$，使 $K_1$ 离合器工作。同时将主油路油液经过高挡供油阀输送到 $N_{89}$ $B_2$ 换挡阀，经 $B_2$ 供油泄油转换阀、$B_2$ 协调阀输送给制动器 $B_2$，使 $B_2$ 制动器工作。

由1挡的 $K_1$、F 工作变为2挡的 $K_1$、$B_2$ 工作，制动器 $B_2$ 工作，将大太阳轮固定，加速了齿圈的速度。

(4) $D_3$ 挡位油路分析。

$D_3$ 挡位油路图如图 5-20 所示,当计算机根据节气门位置信号及车速信号在 $D_3$ 挡车速范围内,电子控制单元向 3 个换挡电磁阀 $N_{88}$、$N_{89}$、$N_{90}$ 发出指令断、断、断;电磁阀 $N_{93}$ 通电调节油压;电磁阀 $N_{94}$ 通电是换挡更平顺;其他电磁阀都断电。电磁阀 $N_{88}$ 断电,使离合器 $K_1$ 工作;电磁阀 $N_{89}$ 断电,制动器 $B_2$ 不工作;电磁阀 $N_{90}$ 断电,使离合器 $K_3$ 工作。

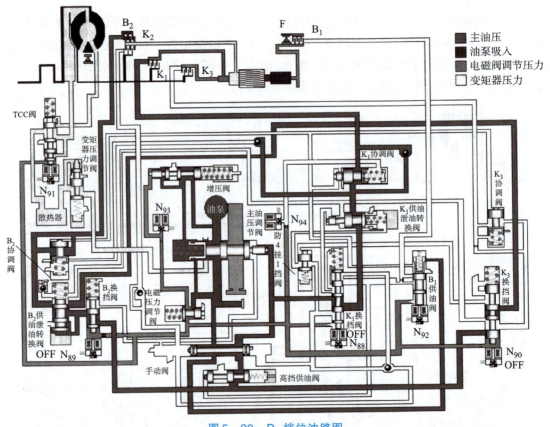

图 5-20　$D_3$ 挡位油路图

位于 $D_3$ 挡位时,由油泵来的油液经主油压调节阀调节后,分别流向液力变矩器、电磁阀压力调节阀和手动阀,又由手动阀 $D_3$ 挡位油道导通,将主油路油液输送到 $N_{88}$ $K_1$ 换挡阀,经 $K_1$ 供油泄油转换阀、$K_1$ 协调阀输送给离合器 $K_1$,使 $K_1$ 离合器工作。同时将主油路油液经过高挡供油阀输送到 $N_{90}$ $K_3$ 换挡阀,经 $K_3$ 协调阀输送给离合器 $K_3$,使离合器 $K_3$ 工作。

此时离合器 $K_1$、$K_3$ 工作,离合器 $K_1$ 将动力传到小太阳轮,离合器 $K_3$ 驱动行星齿轮架,手动阀控制离合器 $K_1$、$K_2$ 接合,行星齿轮组被锁止,动力直接通过离合器 $K_3$ 进行传递,汽车进入 $D_3$ 挡行驶。

(5) $D_4$ 挡位油路分析。

$D_4$ 挡位油路图如图 5-21 所示,当计算机根据节气门位置信号及车速信号在 $D_4$ 挡车速范围内,电子控制单元向 3 个换挡电磁阀 $N_{88}$、$N_{89}$、$N_{90}$ 发出指令通、通、断,电磁阀 $N_{93}$ 通电调节油压。电磁阀 $N_{88}$ 通电,使离合器 $K_1$ 不工作;电磁阀 $N_{89}$ 通电,制动器 $B_2$ 工作;电磁阀 $N_{90}$ 断电,使离合器 $K_3$ 工作。

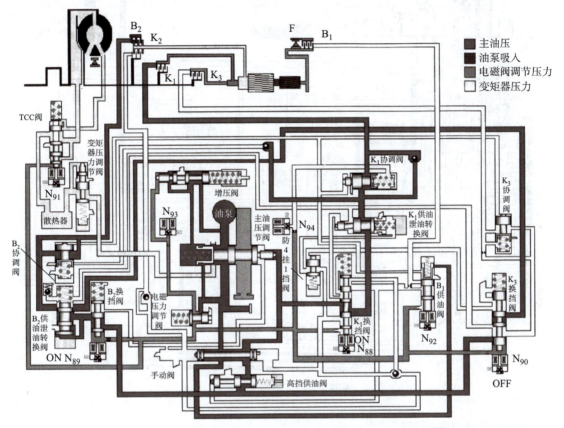

图 5-21 $D_4$ 挡位油路图

位于 $D_4$ 挡位时,由油泵来的油液经主油压调节阀调节后,分别流向液力变矩器、电磁阀压力调节阀和手动阀,又由手动阀 $D_4$ 挡位油道导通,将主油路油液经过高挡供油阀输送到 $N_{89}$ $B_2$ 换挡阀,经 $B_2$ 供油泄油转换阀、$B_2$ 协调阀输送给制动器 $B_2$,使制动器 $B_2$ 工作;同时 $B_2$ 供油泄油转换阀的油液通过 $N_{90}$ 油道输送到防 4 换 1 阀,防止挂入 1 挡。将主油路油液经过高挡供油阀输送到 $N_{90}$ $K_3$ 换挡阀,经 $K_3$ 协调阀输送给离合器 $K_3$,使离合器 $K_3$ 工作。

此时制动器 $B_2$ 工作将大太阳轮固定,离合器 $K_3$ 工作将动力传递到行星架,实现增速同向传动,汽车进入超速挡行驶。

(6) R 挡位油路分析。

R 挡位油路图如图 5-22 所示,位于 R 挡位时,手动阀 R 挡位油道导通,将主油路油液经过单向阀、$K_1$ 换挡阀输送给 $B_1$ 供油阀,再输送到制动器 $B_1$,使制动器 $B_1$ 工作。同时主油路油液通过单向阀输送到离合器 $K_2$,使离合器 $K_2$ 工作。

此时制动器 $B_1$ 工作制动行星架,离合器 $K_2$ 将动力传递给大太阳轮,实现倒挡行驶。

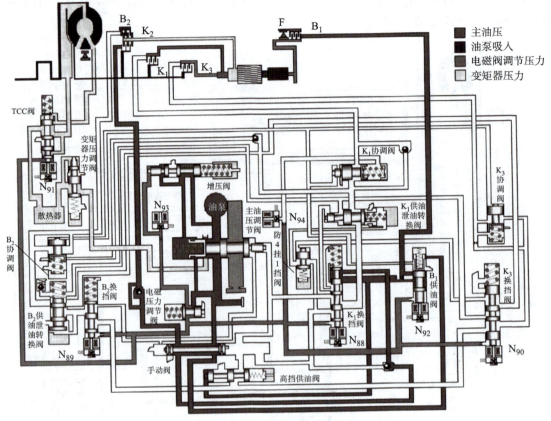

图 5-22　R 挡位油路图

### （四）液压控制系统的检修

**1. 油泵的检修**

油泵故障将会对整个自动变速器液压控制系统产生影响，因为主油路油压不正确会导致整个系统工作不正常。

（1）油泵损坏可能会引起的故障。

①在前进挡和倒挡时，车辆均不能移动。

②前进挡和倒挡起步无力。

③自动变速器打滑。

④引起自动变速器换挡冲击。

（2）油泵损坏形式及可能原因。

①齿轮泵的齿轮或叶片折断，壳体裂纹。可能是由于异物进入，造成齿轮或叶片疲劳断裂。

②转子泵的转子定位套磨损。转子的定位套直接和变矩器壳体连接在一起，如果出现滑移就不能带动转子工作，油泵也就不能工作。可能是长时间使用而造成磨损。

③叶片泵的叶片发卡。可能是叶片和转子配合间隙过小，油质过脏等造成的。

④叶片泵回位弹簧折断或弹性不足，轴承转动轴损坏。可能是疲劳断裂造成的。

⑤油泵磨损。观察油泵表面是否平整，若不平整，可能是油中有杂质造成的；若磨损表面平整，可能是自然磨损造成的。

⑥油泵泄漏。主要是密封圈破损造成的。

（3）油泵的检查。

①检查油泵的磨损和测量间隙。

②检查油泵主、从动齿轮、壳体端面有无磨损痕迹。

③检查油泵是否泄漏。

**2. 控制阀体的检修**

（1）阀体损坏可能引起的故障。

阀体是自动变速器最精密的部件之一，性能的好坏直接影响变速器的换挡规律。出现故障可能引起汽车不能正常行驶、打滑、驱动无力、换挡冲击等问题。

（2）阀体常见的损坏形式及可能原因。

①阀体柱塞卡滞或拉伤。原因是变速器磨屑导致油中有杂质。

②弹簧折断或长度变化。原因是弹簧疲劳。

③阀板内的单向球与阀体密封性不严。原因是磨损、油中有杂质等。

④滤网堵塞或液压管路堵塞。原因是油压中有杂质。

⑤油路泄漏。原因是螺栓力矩不足，螺栓损坏或阀体变形等。

⑥阀体磨损。原因是穿过阀体的驱动轴对阀体接触面的磨损。

阀体检修的主要工作是检查和清洗，更换堵塞的油压滤芯、损坏的密封件或弹簧、损坏的阀体等，一般阀体损坏不能维修只能更换。

（3）阀体的检查。

①检查控制阀阀芯表面是否有轻微刮痕，若有轻微刮痕可用砂纸抛光。

②检查各控制阀的弹簧是否损坏，测量弹簧长度是否符合标准，若不符合标准则更换弹簧。

③检查滤油器是否有堵塞或损坏，若有则更换滤油器。

④检查主油压调节阀是否卡滞，若卡滞可用砂纸打磨。

## 二、任务实施

### 任务5.1　油泵的拆装与检修

**1. 任务说明**

自动变速器油泵的拆装与检修。

**2. 技术标准与要求**

（1）掌握自动变速器油泵的拆装方法。

（2）掌握自动变速器油泵的检修方法。

**3. 设备器材**

（1）装有大众01M自动变速器的油泵4个。

(2) 世达工具 4 套。

(3) 刀口尺、塞尺、一字起、SST（专用工具）、百分表等量具。

### 4. 作业准备

(1) 准备清洁油泵。　　　　　　　□ 任务完成

(2) 准备拆装工具、量具。　　　　□ 任务完成

(3) 准备作业单。　　　　　　　　□ 任务完成

### 5. 操作步骤

(1) 分解油泵。

①将液力变矩器作为工作台，把油泵放在液力变矩器上，取下 2 个油封圈，如图 5－23、图 5－24 所示。

资源 5－4　分解油泵

图 5－23　将油泵放在变矩器上

图 5－24　取下 2 个油封圈

②分解油泵之前，用记号笔在泵体泵盖上做好标记，如图 5－25 所示。

③用棘轮扳手拧下泵盖上的螺栓，如图 5－26 所示。

④取下泵盖与导轮轴总成，分别取出主动齿轮、从动齿轮，分解泵盖、泵体如图 5－27 所示。

图 5－25　用记号笔在泵体泵盖上做好标记

图 5－26　用棘轮扳手拧下泵盖螺栓

图 5-27 分解泵盖、泵体

（2）检查油泵。

①清洁油泵，目视检查油泵壳体是否有磨损；检查主、从齿轮磨损表面是否平整、齿轮是否有损坏，如有损坏则需更换齿轮。

②用塞尺测量主、从动齿轮与月牙板之间间隙，如图 5-28、图 5-29 所示；将从动齿轮推向泵体一侧，用塞尺测量从动齿轮与泵体之间间隙，如图 5-30 所示；用刀口尺和塞尺测量齿轮端面与泵盖之间间隙，如图 5-31 所示。将测量值与标准值（如表 5-3 所示）进行比较，如果不符合标准，应更换主、从齿轮或泵体。

资源 5-5　检查油泵

图 5-28　测量从动齿轮与月牙板之间间隙

图 5-29　测量主动齿轮与月牙板之间间隙

图 5-30　测量从动齿轮与泵体之间间隙

图 5-31　测量齿轮端面与泵盖之间间隙

③拆卸油泵主动齿轮和从动齿轮,检查主动齿轮、从动齿轮、泵壳端面有无缺齿、断裂、异常磨损等,如图5-32所示。如果有,应更换新件。

④用螺丝刀撬出油封,再使用SST(专用工具)安装新油封,如图5-33所示,油封末端应与泵体的外缘齐平,油封与泵体外缘部分应光滑,在油封边缘涂上润滑脂。

⑤检查泵体衬套内径。用百分表测量泵体衬套内径,最大为38.19 mm。如果超过内径最大值,应更换泵体。

⑥检查泵盖导轮轴衬套内径。用百分表测量泵盖定子轴衬套内径,前端最大内径为21.58 mm;后端最大内径为27.08 mm。如果超过内径最大值,应更换泵盖定子轴。

表5-3 油泵间隙标准

| 测量项目 | 间隙标准/mm | 最大间隙/mm |
| --- | --- | --- |
| 主、从动齿轮与月牙板之间的间隙 | 0.11~0.14 | 0.3 |
| 从动齿轮与泵体之间的间隙 | 0.07~0.15 | 0.3 |
| 齿轮端面与泵盖之间的间隙 | 0.02~0.05 | 0.1 |

图5-32 拆卸油泵主、从动齿轮

图5-33 用专用工具安装新油封

(3)装配油泵。

①将油泵体放在液力变矩器上,在从、主动齿轮上涂上ATF,安装主、从动齿轮,确保主、从动齿轮的顶部朝上。

②按记号将泵盖对准泵体上的螺栓孔,拧紧螺栓,力矩为10 N·m,如图5-34所示。

资源5-6 装配油泵

③将油封圈环涂上ATF,待油封圈收缩后安装到泵盖上,如图5-35所示。

④检查油泵驱动齿轮运转情况,注意确保驱动齿轮转动平滑,如图5-36所示。

图5-34 拧紧螺栓

图 5-35　安装油封圈

图 5-36　检查油泵驱动轮转动情况

### 任务 5.2　油泵的拆装与检修作业记录单

| 基本信息 | 班级 | | 姓名 | | 学号 | |
|---|---|---|---|---|---|---|
| | 设备型号 | | 任务名称 | | 日期 | |
| 油泵拆装 | 拆装步骤 | | | 拆下部件名称 | | |
| | | | | | | |
| | | | | | | |
| | | | | | | |
| | | | | | | |
| 油泵拆装 | 拆装步骤 | | | 拆下部件名称 | | |
| | | | | | | |
| | | | | | | |
| | | | | | | |
| 油泵检查 | 检修项目 | | | 检修结果 | | |
| | 检查油泵壳体是否有磨损 | | | | | |
| | 测量从动齿轮与月牙板之间间隙 | | | | | |
| | 测量主动齿轮与月牙板之间间隙 | | | | | |
| | 测量从动齿轮与泵体之间间隙 | | | | | |
| | 测量齿轮端面与泵盖之间间隙 | | | | | |
| | 检查油泵主动齿轮和从动齿轮有无破损 | | | | | |
| | 检查泵体衬套内径 | | | | | |
| | 检查泵盖定子轴衬套内径 | | | | | |
| 课后思考 | | | | | | |

## 任务 2　自动变速器阀体的拆装与检修

**1. 任务说明**

自动变速器阀体的拆装与检修。

**2. 技术标准与要求**

（1）掌握自动变速器阀体的拆装方法。

（2）掌握自动变速器阀体的检修方法。

**3. 设备器材**

（1）装有大众 01M 自动变速器的台架 4 个。

（2）专用工具、世达工具 4 套。

（3）砂纸、白纸板、煤油、小毛刷、橡皮锤、游标卡尺等工具。

**4. 作业准备**

（1）准备清洁阀体。　　　　　　　　□ 任务完成

（2）准备拆装检修工具、量具。　　　□ 任务完成

（3）准备作业单。　　　　　　　　　□ 任务完成

**5. 操作步骤**

阀体的检修工作主要是检查和清洗，更换堵塞的油液滤芯、损坏的密封件或弹簧、磨损的阀体球等。一般阀体的损坏不能维修，只能更换。

（1）阀体的拆卸。

①拆卸液压控制系统阀板盖，如图 5-37 所示。

图 5-37　拆卸液压控制系统阀板盖

资源 5-7　阀体的拆卸

②拆下阀体上的滤油器，再取下油封，拆下电磁阀线束，如图 5-38、图 5-39 所示。

图5-38 拆下滤油器

图5-39 拆下电磁阀线束

③挂上P挡，拆下手动阀。

④再拆下阀板，阀板螺栓要从外向内对角分2~3次松开，以防止阀板变形，如图5-40所示。拆检阀板，不允许阀芯等重要零件掉落，不允许用铁丝或螺钉旋具伸入孔中，为防止单向球被磁化，阀板不要用带磁性工具拆卸。将阀体上部和中间的隔板一起翻过来，使中间隔板向上，防止阀体单向钢球跌落，如图5-41所示。

图5-40 对角旋下阀板螺栓

图5-41 分开上下阀板与隔板

⑤拆卸阀板上各控制阀、弹簧等，如图5-42~图5-45所示。注意拆卸压力调节器控制阀时，不要分解，厂家已调好，此堵塞很容易损坏。若柱塞在阀孔中被卡滞不能自由落出，用手指轻推可以滑下或用木槌或橡皮锤轻轻敲击阀体将其取出。

⑥将上下阀板和所有控制阀零件用清洁的煤油清洗干净。不准用棉布擦，以防布丝进入阀孔内，将滑阀卡死。

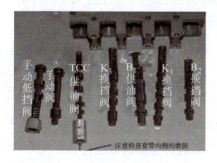
图5-42 拆卸阀体（一）

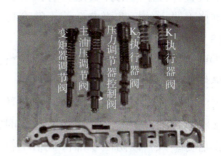
图5-43 拆卸阀体（二）

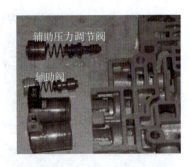
图5-44 拆卸阀体（三）

图5-45 拆卸阀体（四）

(2) 阀体的检修。

①检查滤油器，是否有损坏或堵塞，如图5-46所示。若有损坏，应更换滤油器。

②检查阀体上是否有裂纹和变形，并清洗隔板上各零件，擦干后装入阀体中，并检查各部件是否完整良好。

③检查隔板不应有较大的变形，仔细观察各油孔处应圆滑不漏光，可将单向球阀放置于隔板相应孔中，用灯光照射，反面看有无漏光。

④检查柱塞是否卡滞。若柱塞卡滞可用砂纸沾上ATF沿圆弧方向打磨，也可用牙膏研磨，但只能打磨柱塞，不能打磨阀孔，如图5-47所示。

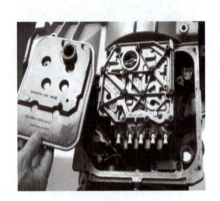
图5-46 检查滤油器

图5-47 检查柱塞

⑤检查控制阀阀芯表面，如果有轻微刮伤痕迹可以用砂纸抛光。

⑥检查油孔是否有异物，是否有堵塞，检查柱塞，如图5-48所示。

⑦检查各控制阀的弹簧是否有损坏，测量弹簧的自由长度和直径，如图5-49所示，应符合维修手册上的标准要求；若不符合标准，应更换弹簧。

(3) 阀体的装配。

①更换控制阀上的密封圈。换挡执行元件的工作油路是否密封主要取决于换挡执行元件工作活塞上的密封圈、蓄压器上活塞密封圈、控制阀上的密封圈和离合器支承进油口两侧密封环的密封状况。

②将隔板洗净擦干，更换隔板衬垫时需将新旧隔板衬垫进行对比，确认无误后再装入，以防因零部件规格不符合要求而影响变速器正常工作。

③同时用ATF浸泡要安装的密封垫几分钟后，再按拆开时的步骤，

资源5-8 阀体的装配

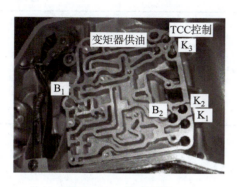

图 5-48 检查柱塞

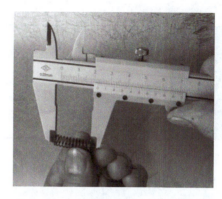

图 5-49 测量弹簧的自由长度和直径

将阀体平放把部件逐一推入,而不要将阀体垂直竖立。注意不要在阀板垫、阀芯等处使用密封胶或黏合剂。

④将上下阀体、中间隔板扣在一起,均匀地拧上连接螺栓,紧固力矩一般在 5~10 N·m,力矩的大小直接影响油压。

⑤安装手动阀。

⑥安装电磁阀线束。装上油封,再安装阀体上的油滤器。

⑦安装液压控制系统阀板盖。

**任务 2　自动变速器阀体的拆装与检修作业记录单**

| 基本信息 | 班级 | | 姓名 | | 学号 | |
|---|---|---|---|---|---|---|
| | 设备型号 | | 任务名称 | | 日期 | |
| 阀体拆装 | 拆装步骤 ||| 拆下部件名称、作用 |||
| | ||||||
| | ||||||
| | ||||||
| | ||||||
| | ||||||
| | ||||||
| | ||||||
| 阀体检查 | 检修项目 ||| 检修结果 |||
| | 检查滤油器是否有损坏或堵塞 ||||||
| | 检查阀体上是否有裂纹和变形 ||||||
| | 检查隔板不应有较大的变形,观察各油孔处应圆滑不漏光 ||||||
| | 检查柱塞是否卡滞 ||||||
| | 检查控制阀阀芯表面 ||||||
| | 检查弹簧的自由长度和直径 ||||||

续表

| 课后思考 | |

### 三、拓展学习

**自动变速器液压控制系统常见故障案例分析**

（1）故障现象：一位车主驾驶一辆装有自动变速器的轿车，他反映该车在行驶过程中曾出现变速器打滑现象，但是故障现象出现的时间并不确定，所以一直没有进行彻底检查。在该车最近一次高速行驶过程中，大量ATF从变速器壳体上部通气孔中溢出，导致车辆无法正常行驶而被拖进修理厂。

故障分析：根据故障现象判断可能是由于ATF出问题，检查出导致ATF温度过高的原因，再进一步修理。

故障排除：从溢出的ATF中包含的杂质可看出自动变速器内部已严重烧蚀，需要解体自动变速器。解体后发现变速器油泵的主、从动齿轮严重烧毁，而且多个离合器摩擦片存在不同程度的烧蚀。更换变速器油泵、主阀体、离合器片，并彻底清洗变速器内部油液，特别是液力变矩器内部。检修完毕装车路试，故障解除。

（2）故障现象：一位车主驾驶一辆装有自动变速器的轿车，他反映该车在高速公路上行驶，挂进挡位后，踩油门不能升挡反而降挡，很难升到高挡位。

故障分析：经检查，该车装有五挡液控自动变速器，在试车时变速器故障警告灯并未亮，初步排除该变速器传感器及电控故障。重点检查超速挡液控部件，可能原因有：换挡阀严重磨损或卡死在某一部位；高挡位离合器、制动器磨损严重；单向离合器有故障。

故障排除：解体变速器，发现油泵上漏装一侧滚针轴承滚道，致使滚针轴承撞击离合器头部，造成活塞密封不严，造成离合器失效。更换活塞和油泵壳体，检修完毕装车路试，故障解除。

# 学习任务 6
## 自动变速器性能试验与常见故障诊断

某汽车 4S 店接收了一辆装有自动变速器的汽车，车主反映该车行驶过程中不能升到高挡，并伴随车辆动力不足、异味、噪声、发抖等现象，严重影响行车。

对自动变速器进行性能测试，判断其技术状况，若需要修复，请制定修复方案和工艺流程。

1. 描述自动变速器的维护过程、完成自动变速器的基本检查；
2. 描述自动变速器的性能测试；
3. 根据维修手册，制定自动变速器的修复方案和工艺流程，完成检测、调整及更换作业。

## 一、知识准备

自动变速器结构复杂，制造精度高，当出现故障和工作不正常时，盲目拆卸、分解往往找不出产生故障的真正原因，甚至造成自动变速器不应有的损坏。对于有故障的自动变速器，应先进行维护、基本检查和性能测试，以缩小故障查找范围和确认故障部位，为进一步的分解、修复提供依据。

### （一）自动变速器免拆维护

#### 1. 自动变速器免拆维护的意义

自动变速器工作性能的好坏与使用寿命长短主要取决于自动变速器油（ATF）的品质，若 ATF 品质变差，则极易出现抗磨，影响系统油压，降低动力传递效率，使自动变速器提速慢或失速，甚至会导致"烧片"，严重影响部件的使用寿命。人工换油无法换掉液力变矩器、散热器和各阀体内的 ATF，每次只能换掉 1/2 左右的 ATF。

利用自动变速器换油机，在不拆卸阀体、油管和油底壳等部件的前提下，可实现彻底换油，而且利用设备特有的流速、压力，能够完全清除自动变速器内的油泥、积炭，使自动变速器长期保持最佳的工作状态，从而避免因人为拆卸而损坏变速器油道、密封垫等部件，延长自动变速器的使用寿命。

**2. 自动变速器换油机的功能特点**

以 CAT-401 自动变速器换油机为例说明,如图 6-1 所示。该换油机是一款性能卓越的自动变速器维护设备,可方便、快捷、精确地完成自动变速器清洗及 ATF 等量更换作业。液晶菜单式操作界面,提供了人机交互平台。图形化的模拟油桶可实时、形象、精确地显示出新、旧油桶的液位,实时更新的操作提示可指导操作人员轻松完成对自动变速器的各项维护工作。管路油压自动识别技术和电源极性自动识别技术的应用,免去了操作人员的一切担忧和烦恼。

图 6-1　CAT-401 自动变速器换油机

**3. 自动变速器换油维护常用接口**

(1) ZF 6HP 系列自动变速器的加油口(观察口)在自动变速器尾部左侧,放油口位于自动变速器底部油底壳上,如图 6-2 所示。

图 6-2　ZF 6HP 系列自动变速器加油口(观察口)、放油口

(2) 通用 ZF 4HP16 自动变速器的加油口(观察口)、放油口,如图 6-3 所示。

(3) 奥迪 CVT(AUDI 01J/01T)的加油口(观察口)和放油口都在变速器底部,相邻较近,操作时需注意仔细分辨,以防出错,如图 6-4 所示。

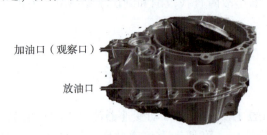

图 6-3　通用 ZF 4HP16 自动变速器加油口(观察口)、放油口

图 6-4　奥迪 CVT 加油口(观察口)、放油口

**4. ATF 集滤器**

(1) 拆下并清洗自动变速器油底壳,清洗油底壳中的磁铁后,放回原位置。

(2) 定期更换 ATF 时,也要更换集滤器及密封圈,如图 6-5 所示,可在一定程度上减少自动变速器的故障。在使用中一些摩擦元件因润滑不良,出现打滑和发热现象,加速了相应摩擦元件的磨损，而离合器、制动器打滑和磨损，又加速了自动变速器油的变质和污染，变质和污染的 ATF 油垢最终将集滤器滤网严重堵塞，导致发生在行驶中失去动力的故障。

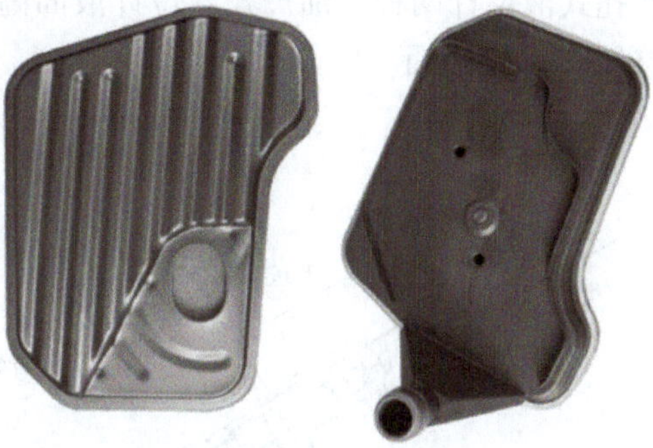

### （二）自动变速器基本检查

自动变速器基本检查项目包括：变速器漏油检查、ATF 检查和更换、节气门拉线检查和调整、换挡杆位置检查和调整、驻车/空挡位置（P/N）开关检查与调整、发动机怠速检查等。

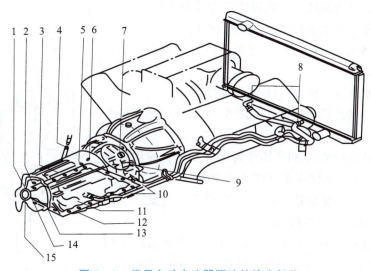

图 6-5　ATF 集滤器、密封圈

**1. 自动变速器漏油检查**

一般情况下，ATF 不会被消耗，如果 ATF 液面高度降低，应检查自动变速器漏油部位。目视检查油封、管接头等部位。常见自动变速器漏油的检查部位如图 6-6 所示。

图 6-6　常见自动变速器漏油的检查部位

1—2 号车速传感器 O 形圈；2—转速传感器 O 形圈；3—电磁线圈配线 O 形圈；4—油尺导管 O 形圈；
5—油压测试口螺塞和 O 形圈；6—输入轴转速传感器油封；7—油泵油封；8—油冷却器管箍；
9—油泵 O 形圈；10—油冷却器管接头和 O 形圈；11—蓄能器背压测试口螺塞和 O 形圈；
12—油底壳和变速器之间的垫片；13—加长壳体与变速器之间的垫片；
14—1 号车速传感器油封；15—加长壳体后油封

**2. ATF 的检查和更换**

如果 ATF 液面过高，控制阀体浸于 ATF 中，油液会被旋转的零件搅起泡沫，造成油压偏低，导致离合器和制动器因压力不够而出现故障。如果 ATF 液面低于标准，油泵会吸入空气，会导致空气进入 ATF，降低油压，使各控制阀和执行元件动作失准，操纵失灵，也可能造成离合器、制动器打滑，加速性能变坏和润滑不良等故障。

（1）ATF 液面高度的检查。

检查 ATF 液面高度时应按厂家制定的有关工艺进行。常用的液位计有油尺式液位计和油孔式液位计两种。油尺式液位计液面高度的检查如图 6-7 所示、油孔式液位计油位的检查如图 6-8 所示。

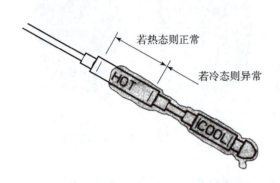

图 6-7 油尺式液位计液面高度的检查

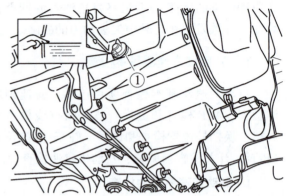

图 6-8 油孔式液位计油位的检查（①—加油口）

① 检查 ATF 液面高度，一般操作步骤及要求如下：

a. 将车辆停放在水平地面上并驻车制动。

b. 起动发动机，将换挡杆在各挡位位置上移动，最后将换挡杆置于 P 位置。

c. 使发动机怠速，检查 ATF 液面高度。

d. 拔出自动变速器液位计，如图 6-9 所示，用无绒纸擦净。

e. 重新将液位计插入 ATF 加注管中并到位，使用附带限位器将液位计牢靠地固定在 ATF 加注管中。

f. 拔出液位计，观察其指示。若油面指示过低，应向加注管中添加 ATF，勿过量加注。

② 在城区道路上驾车行驶大约 5 min，油液温度达到 50~80 ℃ 范围时，重新检查油面高度是否在 HOT 范围。

③ 将拆下的自动变速器液位计牢靠安装在 ATF 加注管中。

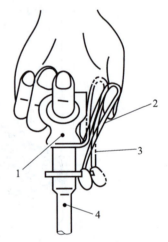

图 6-9 拔出自动变速器液位计

1—自动变速器液位计；2—限位器
（插入时）；3—限位器（拔出时）；
4—ATF 加注管

④ 操作过程中应注意以下事项：

a. 加注塞安装到变速器上之前要安装新衬垫，并将加注塞紧固至规定扭矩。

b. 排放 ATF 前，应使发动机、变速驱动桥暖机，排放时应关闭发动机后再拆下排放塞。安装排放塞时应安装新衬垫，并将排放塞拧紧到规定扭矩。

c. 重新加注新 ATF 时应拆下加注塞，液位应达到加注塞孔的规定极限。

d. 在重新加注 ATF 后，使车辆达到检查液位的条件时，再重新检查液位。

（2）油质的检查。

从 ATF 的油质状况可以判断自动变速器的损坏情况。ATF 油质状况主要从以下几方面判断，如图 6-10 所示。

正常颜色为清澈并略带红色　　　　时间过长氧化产生积炭　　　　含有铝粉、铁粉的油

图 6 – 10　ATF 油质状况的检查

①颜色：ATF 正常颜色为清澈并略带红色。如果颜色发黑说明变质或有杂质，如果呈粉红色或白色则说明有进水。若颜色不正常，应对自动变速器进行检修。

②气味：正常 ATF 没有气味，从油尺上闻一闻油液的气味，如果有焦煳味，说明过热，有摩擦材料烧蚀。在修理自动变速器后，应冲洗冷却系统。

③油质：用油尺在手指上点少许油液，用手指互相摩擦查看是否有颗粒，或将油尺上的油液滴在干净的白纸上，检查油液的颜色及气味。如果有胶质状油，说明因油温过高或使用时间过长而使 ATF 变质。如果有金属切屑或含有摩擦材料（离合器和制动带）等，说明有元件严重磨损或损伤，应在修理后更换 ATF 散热器，并用清洁剂和压缩空气冲洗 ATF 冷却管路。

（3）ATF 更换。

ATF 更换周期一般按各汽车制造厂家的规定为宜，一般互换周期为 4 万 ~ 6 万 km，也有 10 万 km 再更换的，如表 6 – 1 所示。

表 6 – 1　各汽车制造厂家规定的 ATF 更换周期

| 车型 | 更换里程 |
| --- | --- |
| 上海大众系列轿车 | 每 6 万 km 更换 ATF 一次 |
| 福特、别克轿车 | 每 4 万 km 检查一次，每 6 万 km 更换 ATF 一次 |
| 广州本田轿车 | 每 4 万 ~ 6 万 km 更换 ATF 一次 |
| 丰田轿车 | 每 4 万 km 更换 ATF 一次 |
| 一汽大众、一汽轿车 | 每 6 万 km 更换 ATF 一次 |
| 东风雪铁龙轿车 | 每 6 万 km 更换 ATF 一次 |

如果不进行大修，那么更换 ATF 有两种方式：一种方式是通过重力作用把油放掉，换油率大概为 40%，一个容量 8L 的自动变速器能换 3 ~ 4 L；另一种方式是利用机器产生压力，把自动变速器的润滑管和散热油管里的油进行动态更换，换油率可达到 80% 以上，操作过程简单，换油彻底。

可采用循环换油机换油，也可采用人工换油。采用人工换油时，一般步骤如下：

①车辆运行至自动变速器达到正常的工作温度，ATF 的温度范围是 70 ~ 80 ℃。

②关闭发动机。

③从放油孔中排出 ATF。

④排出 ATF 后，应更换新的放油塞密封圈。

⑤加注新ATF，ATF应为厂家规定型号的油或同级产品，加注量总是与放出的ATF量相同。

⑥使发动机怠速运转5 min。

⑦检查自动变速器液面高度和状况。

如果ATF仍然很脏，则重复步骤②~⑦。

未及时更换容易造成油料变质、黏度降低，加大摩擦片间的磨损，增加油耗，还易使油料颗粒增大或者产生碎屑而阻塞油路，拉伤阀体，阻塞柱塞，甚至产生换挡冲击。

**3. 节气门拉线检查**

节气门的开度将影响自动变速器的换挡时间，发动机熄火后，节气门应全闭，当节气门踏板踩到底时，节气门应全开。

采用电子节气门的汽车没有节气门拉线，也就不需要进行拉线的检查和调整，可通过起动发动机，把油门踩到底，P挡时，发动机最高转速为3 800 r/min，说明节气门处于全开状态，如图6-11所示。若把油门踩到底，车速保持在最高值时，节气门开度达不到100%，则车辆最高速度的下降可能与变速器技术状态无关，是发动机不能输出最大功率所致。

图6-11　P挡时发动机最高转速

**4. 换挡杆位置检查和调整**

变速杆调整不当会使变速杆的位置与自动变速器阀板中手动阀的实际位置不符，造成挂不进停车挡或前进低挡，或变速杆的位置与仪表板上挡位指示灯的显示不符，甚至造成在空挡或停车挡时无法起动发动机。

（1）换挡杆位置检查。

①将换挡杆置于P位置，并将点火开关转到"ON"位置，但不要起动发动机。

②检查确认踩下制动踏板时，换挡杆能移到P以外的其他位置。同时确认仅当踩下制动踏板时换挡杆能从P位置移开。

③移动换挡杆并检查是否存在外力、摩擦、噪声或振动。

④检查确认换挡杆在各挡位置移动时，每到一个挡位都能平滑接合，检查换挡杆的实际位置是否与换挡位置指示器和变速器壳体显示的位置一致。

⑤将换挡杆正确移动至各挡位置的方法如图6-12所示。

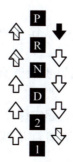

| | |
|---|---|
| ➡ | 当踩下制动踏板时，按下选择按钮操作选择控制杆 |
| ⇨ | 按下选择按钮操作选择控制杆 |
| ⇨ | 不用按下选择按钮，直接操作选择控制杆 |

图 6-12　将换挡杆正确移动至各挡位置的方法

⑥检查确认仅当换挡杆置于 R 位置时，倒车灯才发光；确认当换挡杆处于 P 或 N 位置时，即使将其向前推动到 R 位置，但不按下换挡杆按钮，倒车灯也不发光。

⑦检查确认仅当换挡杆在 P 和 N 位置时才可以起动发动机。

⑧检查确认在 P 位置完全锁止。

（2）换挡杆位置调整。

将换挡杆从 P 位置移到 1 位置。移动时，应该能对每个挡位的正确位置有明显的感觉。如果没有明确的挡位位置感觉或指示器指示的位置校准不合适，则需要调整控制拉线。换挡杆位置的调整如图 6-13 所示。

①将换挡杆置于 P 位置，将车轮转动 1/4 圈以上并使用驻车锁止。

②拆下空气管。

③从手动轴上卸下锁止螺母和控制拉线。

④将手动轴置于 P 位置。

⑤在末端拉住控制拉线。推拉控制拉线两到三次，然后用规定的力拉住。在控制拉线松弛的情况下，暂时拧紧锁止螺母。

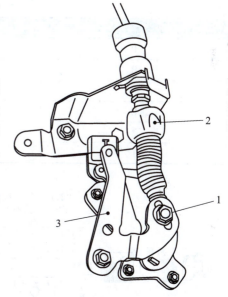

图 6-13　换挡杆位置的调整
1—锁止螺母；2—控制拉线；3—手动轴

⑥拧紧锁止螺母到规定扭矩。在拧紧锁止螺母后，不要对手动轴施加任何力。

⑦再次将换挡杆从 P 位置移到 1 位置。确认换挡杆移动平顺。

⑧检查换挡杆位置，安装所有拆下的零部件。

**5. 驻车/空挡位置（P/N）开关检查与调整**

将变速杆拨至各个挡位，检查挡位指示灯与变速杆位置是否一致、P 位和 N 位时发动机能否起动，R 位时倒挡灯是否亮起。若有异常，应调整空挡起动开关螺栓和开关电路。

（1）将换挡杆以及手动轴置于 N 位置，驻车/空挡位置（P/N）开关的检查与调整如图 6-14 所示。

(2) 拆下空气滤清器及空气管。

(3) 拆下手动轴上的控制线束。

(4) 松开 P/N 开关固定螺栓。

(5) 在手动轴调整孔中直接插入直径 4 mm 调整销钉。

(6) 转动 P/N 开关，直到调整销钉也能够直接插入 P/N 开关的孔中。

(7) 按照规定的扭矩拧紧 P/N 开关固定螺栓。

(8) 调整完 P/N 开关后，将调整销钉从调整孔中抽出。

(9) 根据电路图，检查 P/N 开关的导通性，如表 6-2 和图 6-15 所示。

(10) 安装拆卸下来的零部件。

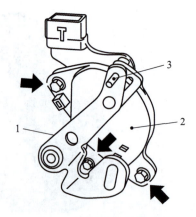

图 6-14　驻车/空挡位置（P/N）开关的检查与调整

1—手动轴；2—P/N 开关；3—调整销钉

表 6-2　检查 P/N 开关的导通性

| 换挡杆位置 | 端口 | 导通 |
| --- | --- | --- |
| P | 1-2, 5-7 | 是 |
| R | 5-8 | 否 |
| N | 1-2, 5-9 | 是 |
| D | 5-6 | 否 |
| 2 | 5-5 | 否 |
| 1 | 5-4 | 否 |

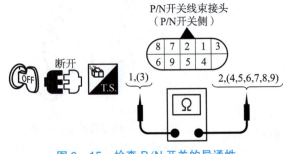

图 6-15　检查 P/N 开关的导通性

### 6. 发动机怠速检查

发动机温度正常时，将选挡杆置于 P 位或 N 位，关闭空调，检查发动机怠速转速是否正常。具体数值应查看具体车型的维修手册，一般为 760~800 r/min，如图 6-16 所示。若怠速过低，挡位转换时，将引起车身振动，甚至导致发动机熄火。若怠速过高，汽车"爬行"现象严重，且易产生换挡冲击，因此在对自动变速器做进一步检查之前，应先检查和调整发动机怠速。

### 7. 超速挡（OD）开关的检查

对部分车型而言，这项检验可确认自动变速器的超速挡电控系统是否工作正常。检查时的 ATF 温度应处于正常的工作温度（70~80 ℃），然后将发动机熄火，打开点火开关，按动超速挡（OD）控制开关，如图 6-17 所示。察听位于变速器内的相应电磁阀有无动作时发出的"咔嗒"声，如有"咔嗒"声，则说明被检自动变速器的超速挡电控系统工作正常。当超速挡开关置"ON"位时，自动变速器应能升入超速挡，这可通过道路试验来验证。超速挡开关置

"ON"位时,超速挡指示灯(丰田车系的 OD OFF 指示灯)应熄灭,否则应亮起。

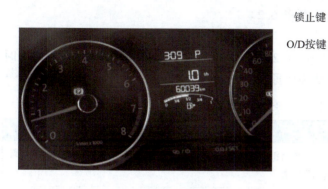

图 6-16　发动机怠速检查

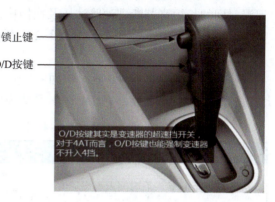

图 6-17　超速挡 OD 开关

### (三)自动变速器的性能测试

对自动变速器进行基本检查之后,若没有找出故障部位和故障原因,需做进一步的性能测试试验,以便根据试验结果进行诊断。自动变速器在修理完毕后,为了鉴定修理质量,检验自动变速器的各项性能指标是否达到标准要求,也应进行全面的性能检查。自动变速器的性能测试项目主要包括失速试验、时滞试验、油压试验、道路试验等。

**1. 失速试验**

自动变速器进行失速试验的目的是通过测试发动机在失速状态下所能达到的最高转速,检查发动机、变矩器和自动变速器执行元件的工作性能。

(1) 失速试验操作步骤见本学习任务的任务 6.2。

(2) 试验结果分析。

不同车型的自动变速器都有其失速转速标准。大部分自动变速器的失速转速标准为 2 200 r/min 左右。若失速转速与标准值相符,说明自动变速器的油泵、主油路油压及各个换挡执行元件的工作基本正常;若失速转速与标准值不相符,不同挡位故障原因见表 6-3。

表 6-3　不同挡位故障原因

| 变速杆位置 | 失速转速 | 故障原因 |
| --- | --- | --- |
| 所有位置 | 过高 | 主油路油压过低,前进挡和倒挡的换挡执行元件打滑,低挡及倒挡制动器打滑 |
|  | 过低 | 发动机动力不足,变矩器导轮的单向超速离合器打滑 |
| 仅在 D 位 | 过高 | 前进挡油路油压过低,前进离合器打滑 |
| 仅在 R 位 | 过高 | 倒挡油路油压过低,倒挡及高挡离合器打滑 |

**2. 时滞试验**

在发动机怠速运转时将变速杆从空挡拨至前进挡或倒挡后,需要有一段短暂时间的迟滞或延时才能使自动变速器完成挡位的接合(此时汽车会产生一个轻微的振动),这一短暂的时间称为自动变速器换挡的迟滞时间。时滞试验就是测出自动变速器换挡的迟滞时间,根据迟滞时间的长短来判断主油路油压及换挡执行元件的工作是否正常。

（1）试验操作步骤见本学习任务2的任务6.2。

（2）试验结果分析。

一般自动变速器 N-D 延时时间 <1.0~1.2 s，N-R 延时时间 <1.2~1.5 s。若迟滞时间过长，说明自动变速器存在故障。其故障的原因分析如表6-4所示。

表6-4 迟滞时间过长的原因分析

| 现象 | 故障原因 |
| --- | --- |
| 从N位拨至D位滞后时间大于规定值 | 主油路油压过低、前进挡离合器磨损过大、前进挡单向离合器打滑 |
| 从N位拨至R位滞后时间大于规定值 | 主油路油压过低、倒挡离合器磨损过大、低挡及倒挡制动器磨损过大、单向离合器打滑 |

时滞时间过长，说明离合器片间和制动带鼓间隙过大（磨损严重）或控制油压过低；时滞时间过短，说明离合器片间和制动带鼓间隙调整不当或控制油压过高。由于高、低挡之间的转换存在着充油和排油问题，应该有一定的"时差"。这个时差还有一个目的，即当汽车行驶在阻力变化无常的路上时，当汽车速度接近"换挡点"速度时，由于"时差正常"，可防止忙乱换挡。

### 3. 油压试验

油压试验是在自动变速器工作时，通过测量液压控制系统各油路的压力来判断液压控制系统及电子控制系统有关零部件的功能是否正常，为分析自动变速器的故障提供依据，以便有针对性地进行检修。控制系统的油压正常是自动变速器正常工作的先决条件，如果油压过高，会使自动变速器出现严重的换挡冲击，甚至损坏控制系统；如果油压过低，会造成换挡执行元件打滑，加剧其摩擦片的磨损，甚至使换挡执行元件烧毁。在分解修理自动变速器之前和修复之后，都要对自动变速器做油压试验，以保证自动变速器的修复质量。

油压试验的内容取决于自动变速器的类型及测压孔的设置方式，几种常见车型自动变速器测压孔位置如图6-18所示。

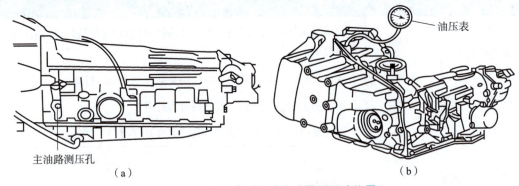

图6-18 常见车型自动变速器测压孔位置

(a) 丰田A341/342测压孔位置；(b) 通用4T65E测压孔位置

（1）主油路油压试验。

①试验步骤：

a. 先预热发动机和自动变速器，使其达到正常的工作温度，然后熄火。

b. 在自动变速器主油压测试孔上连接油压表，量程 2 MPa 左右，如图 6-19 所示。

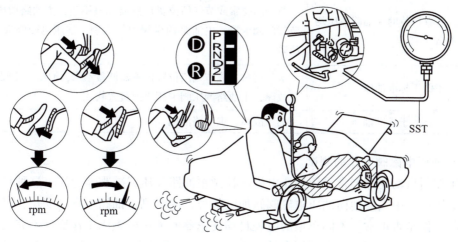

图 6-19 主油路油压试验

c. 用三角木塞住全部车轮，拉紧驻车制动，踩下制动踏板，然后起动发动机。

d. 在急速情况下，将自动变速器变速杆拨至 D 位，读取此时压力值，为急速工况下的前进挡主油路油压。然后用左脚踩紧制动踏板，同时用右脚迅速将加速踏板踩到底，记录 D 位失速时的主油压，在节气门全开位置上停留不要超过 3 s，以免该挡位的执行系统因过载而受损。

e. 将自动变速器变速杆拨至 N 位或 P 位，让发动机急速运转 1 min 以上，使 ATF 得到冷却。

f. 将变速杆拨至 R 位，做同样的试验。

②试验结果分析：

将测得的主油路油压与标准值进行比较。若主油路油压不正常，说明自动变速器存在故障。表 6-5 列出了可能导致主油路油压不正常的原因。

表 6-5 可能导致主油路油压不正常的原因

| 工况 | 测试结果 | 故障原因 |
|---|---|---|
| 怠速 | 所有挡位的主油路油压均太低 | 油泵故障、主油路调压阀卡死、主油路泄漏、主油路调压阀弹簧太软、节气门阀卡滞、节气门拉索或节气门位置传感器调整不当 |
| | 前进挡和前进低挡的主油路油压均太低 | 前进离合器活塞漏油，前进挡油路泄漏 |
| | 前进挡的主油路油压正常，前进低挡的主油路油压太低 | 1 挡强制离合器或 2 挡强制离合器活塞漏油，前进低挡油路泄漏 |

续表

| 工况 | 测试结果 | 故障原因 |
|---|---|---|
| 怠速 | 前进挡主油路油压正常，倒挡主油路油压太低 | 倒挡及高挡离合器活塞漏油，倒挡油路泄漏 |
| | 所有挡位的主油路油压均太高 | 节气门拉索或节气门位置传感器调整不当，主油路调压阀卡死，节气门阀卡滞，主油路调压阀弹簧太硬，油压电磁阀损坏或线路故障 |
| 失速 | 稍低于标准油压 | 节气门拉索或节气门位置传感器调整不当，油压电磁阀损坏或线路故障，主油路调压阀卡死或弹簧太软 |
| | 明显低于标准油压 | 油泵故障，主油路泄漏 |

（2）油压电磁阀工作的测试。

电子控制自动变速器常采用油压电磁阀控制主油路油压或减震器背压。这种自动变速器可以在油压试验中人为地向油压电磁阀施加电信号，同时测量油路油压的变化，以检查油压电磁阀的工作是否正常。不同车型的电控自动变速器的油压电磁阀工作原理不完全相同，其检测方法也不一样。下面以丰田轿车的 A341E 和 A342E 电控自动变速器为例，说明测试油压电磁阀工作的方法，其他车型可参考此方法进行测试。

①将油压表接至自动变速器减震器背压的测压孔。

②对照电路图，找出自动变速器电脑线束插头上油压电磁阀控制端的接线脚，将一个 8 W 灯泡的一脚与油压电磁阀控制端的接脚连接。

③将轿车停放在水平地面上，拉紧驻车制动，并用三角木块将四个车轮塞住。

④起动发动机，检查并调整好发动机怠速。

⑤踩住制动踏板，将变速杆挂入 D 位。

⑥读取此时的减震器背压，其值应大于零。

⑦将连接油压电磁阀 8 W 灯泡的另一脚接地，此时油压电磁阀将通电而开启，读出此时的减震器背压。

在油压电磁阀的接线脚经 8 W 灯泡接地时，油压电磁阀将通电开启。此时减震器背压应下降为零。如有异常，说明油压电磁阀工作不良。

**4. 道路试验**

自动变速器的道路试验是分析、诊断自动变速器故障及检验修复后自动变速器工作性能和修理质量最有效的手段之一。道路试验是对汽车自动变速器性能的最终检验，检验内容侧重于换挡点、换挡冲击、振动、噪声和打滑等现象。

在进行道路试验之前，应确认汽车发动机以及底盘各个系统的技术状态完好，并且已经进行了基本检查。在汽车以中低速行驶 5～10 min 后，使发动机和自动变速器都达到正常的工作温度（70～80 ℃）。

（1）试验操作步骤见本学习任务的任务 6.2。

（2）锁止离合器工作情况检查。

自动变速器变矩器中的锁止离合器工作是否正常也可采用道路试验的方法进行检查。在试验中,让汽车加速至超速挡,以高于 80 km/h 的车速行驶,并让节气门开度保持在低于 1/2 的位置,使变矩器进入锁止状态。此时,快速将加速踏板踩下至 2/3 开度,同时检查发动机转速的变化情况,若发动机转速没有太大的变化,说明锁止离合器处于接合状态;反之,若发动机转速升高很多,则表明锁止离合器没有接合,锁止离合器工作情况检查如图 6-20 所示,其原因通常是锁止控制系统故障。

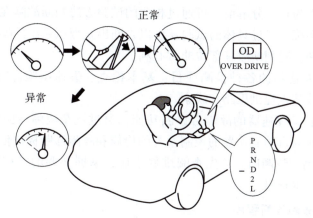

图 6-20 锁止离合器工作情况检查

(3) 发动机制动作用的检查。

检查自动变速器有无发动机制动作用时,应将变速杆拨至前进低挡(S、L 或 2、1)位置,在汽车以 2 挡或 1 挡行驶时,突然松开加速踏板,检查是否有发动机制动作用。若松开加速踏板后车速立即随之下降,说明有发动机制动作用;否则说明控制系统或前进强制离合器有故障。

(4) 强制降挡功能的检查。

检查自动变速器强制降挡功能时,应将变速杆拨至前进挡 D 位,保持节气门开度为 1/3 左右,在以 2 挡、3 挡或超速挡行驶时突然将加速踏板踩到底,检查自动变速器是否被强制降低一个挡位。在强制降挡时,发动机转速会突然上升至最高转速 3 800 r/min 左右,并随着加速升挡,转速逐渐下降。若踩下加速踏板后没有出现强制降挡,说明强制降挡功能失效。若在强制降挡时发动机转速升高反常,达到 5 000~6 000 r/min,并在升挡时出现换挡冲击,则说明换挡执行元件打滑,应拆修自动变速器。

(5) P 位制动效果的检查。

将汽车停在坡度大于 9% 的斜坡上,变速杆拨入 P 位,松开驻车制动,检查机械闭锁爪的锁止效果,车无滑动现象。

### (四)自动变速器故障诊断

汽车自动变速器是能够自动根据汽车车速和发动机转速来进行自动换挡操纵的变速装置,一般由液力变矩器、齿轮机构、换挡执行机构、换挡控制系统、换挡操纵机构等装置组成。自动变速器是一个由机械、液压和电子控制系统组成的封闭装置,一旦出现故障,检修的难度较大。在没有确定故障部位的情况下,不能随便进行解体检修,应按照诊断程序进行。

**1. 自动变速器故障诊断原则**

（1）自动变速器的正常运作和发动机的工作状态紧密结合，发动机有故障时往往会引起变速器的异常工作，其故障现象也容易混淆，所以应透彻了解各种故障的症状，准确地进行故障排除分析工作。

（2）未确定故障大致范围时不要轻易分解自动变速器，自动变速器的分解应该是故障诊断的最后步骤。因为在未分解前，可通过相关的试验方法判断故障在液压系统还是机械系统或者是电子控制系统，通过具体的试验还可以判断出是液压系统的哪一部分故障，这样可以避免不必要的拆卸，对判断故障部位非常有利。

（3）利用自动变速器的各种检测项目：基本检查、失速试验、时滞试验、油压试验、道路试验，为查找故障入提供思路和线索。

（4）充分利用自动变速器的故障自诊断功能，通过汽车故障诊断仪读取故障，并对数据流进行分析，从而为自动变速器的控制系统的检修和故障诊断提供依据。

（5）在进行检测与诊断前，应先查阅维修手册，掌握必要的结构原理、油路图、电控系统电路图等有关技术资料。

**2. 自动变速器故障诊断程序**

自动变速器故障诊断的一般程序如图6-21所示。

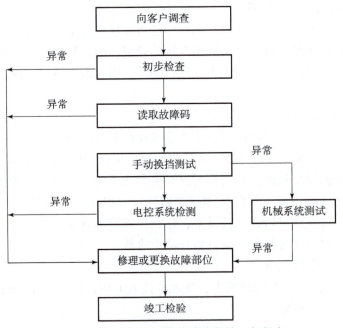

图6-21 自动变速器故障诊断的一般程序

（1）向客户调查。

向客户了解故障产生的时间、症状、情况、条件，如何发生，是否已检修过。尽管客户有时描述得不够清楚，但认真分析客户提供的信息，对迅速诊断故障会有一定程度的帮助。

（2）初步检查。

初步检查的目的是确定自动变速器是否能在正常前提条件下进行工作，通过初步检查往往能很快找出故障的部位和原因。

初步检查的内容主要包括自动变速器的漏油检查、ATF 的检查和更换、节气门拉线检查和调整、制动器的检查和调整、P/N 开关检查与调整、发动机怠速和节气门全开检查等。上述检查项目大部分与常规检查及维护项目一致。

（3）读取故障码。

自动变速器在初步检修后仍存在故障，可利用汽车故障诊断仪读取故障码及数据流，通过查找和分析，寻找故障发生的部位。排除故障以后要清除故障码。

（4）手动换挡测试。

手动换挡测试的目的是判断出故障是出在电控系统还是机械系统，包括行星齿轮变速器和液压控制系统。

（5）机械系统测试。

机械系统的测试包括失速试验、时滞试验、油压试验、道路试验和手动换挡试验等几项内容，因厂家不同内容又有一定的差异，通过这几项试验，可以准确判断出自动变速器机械系统的故障发生部位。

（6）电控系统检测。

电控系统检测主要是根据系统电路图检查线束导线及各插接件是否有断路、短路、搭铁和接触不良等故障，检测各种传感器、执行器是否损坏和失效。

### 3. 故障码的读取与清除

具体操作见学习任务 4。

## 二、任务实施

### 任务 6.1　自动变速器基本检查

#### 1. 任务说明

一辆装有自动变速器的轿车，行驶里程达到 60 000 km 时，需要对自动变速器进行基本检查。请按技术标准完成自动变速器系统的基本检查，以恢复汽车的技术状况。

#### 2. 技术要求与标准

①学员能够在 45 min 内独立完成此项目。

②自动变速器基本检查技术标准见表 6-6。

表 6-6　自动变速器基本检查技术标准

| 检修项目 | 技术标准 | 检测结果 |
| --- | --- | --- |
| ATF | 无泄漏 | |
| 发动机怠速/($r \cdot min^{-1}$) | 760~800 | |
| 发动机最高转速/($r \cdot min^{-1}$) | 3 800 | |
| 放油塞拧紧力矩（$N \cdot m$） | 10 | |

### 3. 设备器材

（1）大众 Passat 轿车（装有自动变速器）一辆。
（2）博世 KT600 汽车故障诊断仪一台。
（3）汽车专用万用表一只。
（4）常用工具一套。
（5）吸油棉纱、油盘等。

### 4. 作业准备

（1）准备大众 Passat 轿车。　　　　　□ 任务完成
（2）准备举升机。　　　　　　　　　　□ 任务完成
（3）准备检测仪器。　　　　　　　　　□ 任务完成
（4）准备常用工具。　　　　　　　　　□ 任务完成
（5）准备记录单。　　　　　　　　　　□ 任务完成

### 5. 操作步骤

（1）操作要求与基本检查前准备。

挂上 P 挡，拉紧驻车制动，如图 6-22 所示。

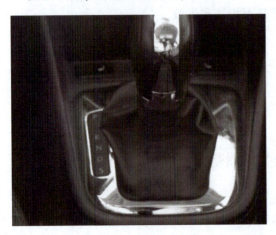

图 6-22　挂上 P 挡，拉紧驻车制动

（2）将点火开关转到"ON"位置，起动发动机，分别检查各仪表工作状况，发动机工作温度正常时，将选挡杆置于 P 位或 N 位，关闭空调。

①检查发动机怠速转速是否为 760～800 r/min，如图 6-23 所示。

资源 6-1　检查发动机怠速

图 6-23 检查发动机怠速

②加速踏板踩到底，节气门全开，发动机最高转速应为 3 800 r/min，如图 6-24 所示。

（3）换挡杆位置检查。

①换挡杆位置是否与仪表板上挡位指示灯显示相一致，换挡杆位置检查如图 6-25 所示。

资源 6-2　检查节气门全开时发动机的最高转速

图 6-24　发动机最高转速

图 6-25　换挡杆位置检查

②确认仅当换挡杆在 P 和 N 位置时才可以起动发动机，如图 6-26、图 6-27 所示。

（4）检查自动变速器是否漏油。

①利用举升机把汽车举升至适当位置，拆下发动机与变速器的下护板，如图 6-28 所示。

资源 6-3　只有 P、N 挡起动发动机

图 6-26　换挡杆在 P 位置时才可以起动发动机

图 6-27　换挡杆在 N 位置时可以起动发动机

图 6-28　举升汽车，拆下发动机与变速器的下护板

②目视检查发动机与自动变速器的连接处、变速器的油底壳密封垫、油封、油管、管接头等是否有漏油，如图 6-29 所示。

图 6-29　目视检查发动机与各连接处是否漏油

（5）ATF 的平面和品质的检查。

①拆下放油塞和油底壳，清洗油底壳、磁铁及放油塞，如图 6-30 所示。

图 6-30　清洗油底壳、磁铁及放油塞

②检查油平面，如图 6-31 所示，ATF 刚刚溢出为正常。

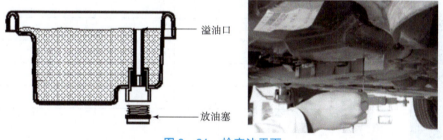

图 6-31　检查油平面

③检查 ATF 品质，用手指相互摩擦一下 ATF，检查是否有杂质并闻一下气味，如图 6-32 所示。

图 6-32　检查 ATF 品质

(6) 拆下并清洁油底壳，更换 ATF 集滤器和 O 形密封圈，如图 6-33 所示。

图 6-33　拆下并清洁油底壳、更换 ATF 集滤器和 O 形密封圈

(7) 若油面指示过低，应向加注管中添加 ATF，勿过量加注。

### 6. 记录与分析

**任务 6.1　自动变速器基本检查作业记录单**

| 基本信息 | 班级 | | 姓名 | | 学号 | |
|---|---|---|---|---|---|---|
| | 设备型号 | | 任务名称 | | 日期 | |
| 自动变速器基本检查 | 检查项目 | | | 检查结果 | | |
| | 各仪表工作状况检查 | | | | | |
| | 发动机怠速/(r·min$^{-1}$) | | | | | |
| | 发动机最高转速/(r·min$^{-1}$) | | | | | |
| | 换挡杆位置检查 | | | | | |
| | 自动变速器是否漏油 | | | | | |
| | ATF 平面的检查 | | | | | |
| | ATF 品质的检查 | | | | | |
| | ATF 集滤器更换 | | | | | |
| | 集滤器的密封圈更换 | | | | | |
| 课后思考 | | | | | | |

## 任务 6.2　自动变速器性能测试

### 1. 任务说明

一辆装有自动变速器的轿车，行驶里程达到 80 000 km 时，自动变速器出现了跳挡迟缓的故障现象。请按技术标准，通过对自动变速器进行失速试验、油压试验等性能测试，分析并排除故障，以恢复汽车的技术状况。

## 2. 技术要求与标准

①学员能够在 45 min 内独立完成此项目。
②自动变速器性能测试技术标准见表 6-7。

表 6-7　自动变速器性能测试技术标准

| 检修项目 | 技术标准 | | 检测结果 |
|---|---|---|---|
| 失速转速/(r·min$^{-1}$) | 2 200 | | |
| 时滞时间/s | D 挡 | 1.0~1.2 | |
| | R 挡 | 1.2~1.5 | |

## 3. 设备器材

（1）大众 Passat 1.8T 轿车（装有自动变速器）一辆。
（2）博世 KT600 汽车故障诊断仪一台。
（3）汽车专用万用表一只。
（4）常用工具一套。
（5）吸油棉纱、油盘等。

## 4. 作业准备

（1）准备大众 Passat 1.8T 轿车一辆。　　□ 任务完成
（2）准备举升机。　　　　　　　　　　　□ 任务完成
（3）准备检测仪器。　　　　　　　　　　□ 任务完成
（4）准备常用工具。　　　　　　　　　　□ 任务完成
（5）准备记录单。　　　　　　　　　　　□ 任务完成

## 5. 操作步骤

（1）失速试验。
①将汽车停在宽阔水平的地面上，前后车轮用三角木块塞住，挂 P 挡，如图 6-34 所示。
②拉紧驻车制动，左脚用力踩住制动踏板，如图 6-35 所示。

资源 6-4　失速试验

图 6-34　前后车轮用三角木块塞住，挂 P 挡

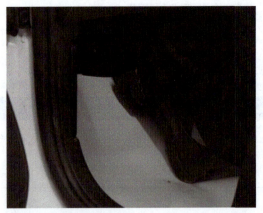

图 6-35　拉紧驻车制动，左脚用力踩住制动踏板

③起动发动机，观察故障指示灯的变化情况，如图 6-36 所示。

图 6-36　起动发动机

④变速杆拨至 D 位，左脚踩紧制动踏板，用右脚将加速踏板踩到底，当发动机转速不再升高时，迅速读取发动机转速，是 D 挡位时的失速转速，如图 6-37 所示。

图 6-37　D 挡位时的失速转速

⑤读取发动机转速后，立即松开加速踏板。

⑥将变速杆拨入 P 或 N 位置，让发动机怠速运转 1 min，以防止 ATF 因温度过高而变质。

⑦将变速杆拨入 R 挡位，做同样的试验，是 R 挡位时的失速转速，如图 6-38 所示。

图6-38 R挡位时的失速转速

⑧在一个挡位的试验完成之后，不要立即进行下一个挡位的试验，要等油温下降之后再进行。试验结束后不要立即熄火，应将变速杆拨入 N 位或 P 位，让发动机怠速运转几分钟，以便让 ATF 温度降至正常。如果在试验中发现驱动轮因制动力不足而转动，应立即松开加速踏板，停止试验。

⑨对 D 和 R 挡位的发动机失速试验进行分析。如果都小于 600 r/min，说明发动机功率不足或者液力变矩器损坏；如果大于 (1+10%)2 200 r/min，说明可能油压低、离合器或制动器间隙大等。

(2) 时滞试验。
①让汽车行驶，使发动机和自动变速器达到正常工作温度。
②将汽车停放在水平地面上，拉紧驻车制动。
③检查发动机怠速、最高转速，如6-39所示。

资源6-5 时滞试验

图6-39 检查发动机怠速、最高转速

④将自动变速器变速杆从空挡 N 位拨至前进挡 D 位，用秒表测量从拨动变速杆开始到感觉汽车振动为止所需的时间，该时间称为 N-D 延时时间，如图6-40所示。

⑤将变速杆拨至 N 位，让发动机怠速运转 1 min 后，再做一次同样的试验，一共做 3 次试验，并取平均值。

⑥按上述方法，将变速杆由 N 位拨至 R 位，测量 N-R 延时时间，如图6-41所示。

图6-40 N-D延时时间

图6-41 N-R延时时间

⑦试验结果分析。一般自动变速器N-D延时时间小于1.0~1.2 s，N-R延时时间小于1.2~1.5 s。若延时时间过长，说明自动变速器存在故障，可能是油压低、离合器或制动器间隙大。

（3）油压试验，根据试验条件选做。

（4）道路试验。

在道路试验之前，应确认汽车发动机以及底盘各个系统的技术状态完好，并且已经进行了基本检查。汽车以中低速行驶5~10 min，使发动机和自动变速器都达到正常的工作温度（70~80 ℃）。以大众Passat 1.8T轿车为例。

①升挡检查：将变速杆置于D位，踩下加速踏板，使节气门保持在1/2开度，使汽车加速行驶，检查自动变速器的升挡情况。

②升挡车速的检查：将变速杆拨至前进挡D位置，踩下加速踏板，并使节气门保持在某一固定开度，让汽车起步并加速。升挡时，记下升挡车速。一般4挡自动变速器在节气门开度保持在1/2时由1挡升至2挡的升挡车速为25~35 km/h，由2挡升至3挡的升挡车速为55~70 km/h，由3挡升至4挡（超速挡）的升挡车速为90~120 km/h。

③换挡质量的检查：主要是检查有无换挡冲击。正常的电控自动变速器的换挡冲击应十分微弱。若换挡冲击太大，说明自动变速器的控制系统或换挡执行元件有故障，原因可能是

油路油压高或换挡执行元件打滑,应做进一步的检查。

资源6-6 道路试验
——基本检查

资源6-7 道路试验
——升挡检查

资源6-8 道路试验
——升挡车速的检查

资源6-9 道路试验
——换挡质量的检查

**6. 记录与分析**

任务6.2 自动变速器性能测试作业记录单

| 基本信息 | 班级 | | 姓名 | | 学号 | |
|---|---|---|---|---|---|---|
| | 设备型号 | | 任务名称 | | 日期 | |
| 失速试验 | 试验步骤 ||||||
| | |||||||
| | 实验结果分析: ||||||
| 时滞试验 | 试验步骤 ||||||
| | |||||||
| | 实验结果分析: ||||||
| 道路试验 | 试验步骤 ||||||
| | |||||||
| | 实验结果分析: ||||||
| 课后思考 | ||||||

## 三、拓展学习

### 手动换挡试验

所谓手动换挡试验就是将电控自动变速器所有换挡电磁阀的线束插头全部脱开，此时ECU不能通过换挡电磁阀来控制换挡，自动变速器的换挡取决于变速杆的位置。不同车型的电控自动变速器在脱开换挡电磁阀线束插头后挡位和变速杆位置的关系不完全相同。表6-8所示为丰田轿车电控自动变速器A140E、A240E、A340E、A341E、A442DE等手动换挡时挡位与变速杆位置的关系。

表6-8 手动换挡时挡位与变速杆位置关系

| 变速杆位置 | P | R | N | D | 2 | L |
|---|---|---|---|---|---|---|
| 挡位 | 驻车挡 | 倒挡 | 空挡 | 超速挡 | 3挡 | 1挡 |

手动换挡试验的目的是确定故障存在的部位，区分故障是由机械、液压系统还是由电子控制系统引起的。手动换挡试验应在读取故障码和完成自动变速器基本检查后进行。手动换挡试验的步骤如下：

（1）脱开电子控制自动变速器的所有换挡电磁阀线束插头。

（2）起动发动机，将变速杆拨至不同位置，然后做道路试验（也可以将驱动轮悬空，进行台架试验）。

（3）观察发动机转速和车速的对应关系，以判断自动变速器所处的挡位。不同挡位时发动机转速与车速的关系可参考表6-9所示。由于变矩器的减速作用与传递的转矩有关，因此表中车速只能作为参考，实际车速将随着行驶中节气门开度的不同而产生一定的变化。

表6-9 自动变速器不同挡位时发动机转速和车速的关系

| 挡位 | 发动机转速 /(r·min$^{-1}$) | 车速 /(km·h$^{-1}$) | 挡位 | 发动机转速 /(r·min$^{-1}$) | 车速 /(km·h$^{-1}$) |
|---|---|---|---|---|---|
| 1挡 | 2 000 | 18~22 | 3挡 | 2 000 | 50~55 |
| 2挡 | 2 000 | 34~38 | 超速挡 | 2 000 | 70~75 |

（4）若变速杆位于不同位置时，自动变速器所处的挡位与表6-8相同，说明电子控制自动变速器的阀板及换挡执行元件基本上工作正常；否则，说明自动变速器的阀板或换挡执行元件有故障。

（5）试验结束后，接上电磁阀线束插头。

（6）清除计算机中的故障码，防止因脱开电磁阀线束插头而产生的故障码保存在计算机中，影响自动变速器的故障自诊断工作。

# 学习任务 7
## 双离合自动变速器

故障现象：一辆装有大众0AM双离合自动变速器的汽车，只能以3挡速度行驶，不能正常自动换挡。

原因分析：对于装有大众0AM双离合自动变速器的汽车，使用中若出现机电控制单元故障，自动变速器中的电脑将采取应急模式工作，即此时只有前进3挡和倒挡，以保证其基本行驶功能；若检测到机电控制单元故障，将会进行机电控制单元的更换。

1. 掌握双离合自动变速器的基础知识；
2. 描述双离合自动变速器的结构原理；
3. 描述双离合自动变速器的电子控制系统。

### （一）双离合自动变速器的概述

**1. 双离合自动变速器的特点**

手动变速器的优点是传动效率高，动力性、经济性好，缺点是换挡时劳动强度大；自动变速器的优点是舒适性好，换挡平稳，无动力中断，缺点是传动效率低，经济性差；双离合自动变速器是基于手动变速器发展而来的，且综合了手动变速器与自动变速器的优点。双离合自动变速器也称直接换挡变速器（Direct Shift Gearbox，DSG）。

**2. 双离合自动变速器的类型**

大众双离合自动变速器的应用最为广泛，大致有两大类型：一种是湿式双离合自动变速器，最有代表性的是DQ250，型号02E，有6个前进挡和1个倒挡，主要用在高排量的车上；另一种是干式双离合自动变速器，最有代表性的是DQ200，型号0AM，有7个前进挡和1个倒挡，主要用在中低排量的车上。

**3. 双离合自动变速器的基本工作原理**

双离合自动变速器的基本工作原理如图7-1所示，它是通过将变速器挡位按奇偶数分开布置，形成两个彼此独立的传动部分。每个传动部分的结构都与一个手动变速器相类似，都配有一个与之相对应的多片离合器，传动部分 1 通过多片离合器 $K_1$ 来选择 1、3、5、7 挡，传动部分 2 通过多片离合器 $K_2$ 来选择 2、4、6、倒挡，因此只需通过切换两个离合器的工作状态就可以完成换挡操作。

资源 7-1 双离合自动变速器的基本工作原理

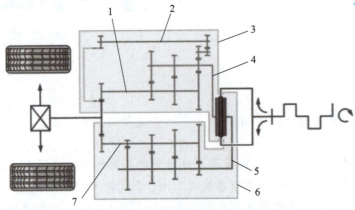

图 7-1 双离合自动变速器的基本工作原理

1—输出轴 2；2—输出轴 3；3—变速器传动部分 2；4—驱动轴 2；
5—驱动轴 1；6—传动部分 1；7—输出轴 1

### （二）大众 0AM 双离合自动变速器

#### 1. 大众 0AM 双离合自动变速器基本结构

下面以大众 0AM 双离合自动变速器为例，介绍干式双离合自动变速器具体结构原理。大众 0AM 双离合自动变速器结构如图 7-2 所示，主要由双离合器、机械传动机构、机电一体化模块、油冷却器等组成。

资源 7-2 大众 0AM 双离合自动变速路基本结构

图 7-2 大众 0AM 双离合自动变速器结构

1—换挡拉线；2—油冷却器；3—齿轮机构；4—油泵；5—倒挡轴；
6—机电一体化模块；7—双离合器；8—驻车制动杆

#### 2. 大众 0AM 双离合自动变速器机械传动机构

如图 7-3 所示，大众 0AM 双离合自动变速器机械传动机构主要由双质量飞轮、两个多片离合器、输入轴及齿轮、输出轴及齿轮等组成。

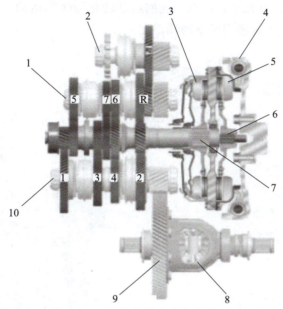

图7-3 大众0AM双离合器自动变速器机械传动机构

1—输出轴2；2—输出轴3；3—离合器$K_2$；4—双质量飞轮；5—离合器$K_1$；6—驱动轴1；
7—驱动轴2；8—差速器；9—主传动齿轮；10—输出轴1

（1）双质量飞轮。

对质量飞轮扭矩传递如图7-4所示，双质量飞轮分为初级质量和次级质量两部分，初级质量与发动机曲轴相连，起到原来普通飞轮的作用；次级质量与变速器相连，用于提高变速器的扭转惯量，初级质量和次级质量之间通过扭转减震器相连。双质量飞轮上装有内齿，和双离合器支承环上的外齿互相啮合，将扭传递至双离合器。带有双质量飞轮式的扭转减震器可以有效地控制汽车动力传动系统的扭转振动及噪声，提高整车的舒适性。

（2）多片离合器。

双离合器驱动盘如图7-5所示，双离合器是由两个传统的离合器组装起来成为一个双离合器。扭矩从支承环传递至双离合器上的驱动盘，支承环和驱动盘需紧密连接在一起，驱动盘固定在驱动轴2上作为怠速挡。当其中一个离合器工作时，扭矩就从驱动盘传递至相应的离合器从动盘上，再传递给对应的驱动轴，离合器$K_1$通过花键将扭矩传递到驱动轴1，离合器$K_2$通过花键将扭矩传递到驱动轴2；当发动机关闭或怠速时，两个离合器都处于分离状态；当车辆行驶时，两个离合器中只有一个处于结合状态，两个离合器不能同时工作。

图7-4 双质量飞轮扭矩传递

1—内齿；2—外齿；3—支承环；4—驱动轴1和2；
5—双离合器；6—双质量飞轮

离合器$K_1$工作原理如图7-6所示。离合器$K_1$接合，将扭矩传递到驱动轴1。机电控

制单元控制离合器 $K_1$ 操控器控制的齿轮副 1 阀门 $N_{435}$，按压大分离杠杆将大分离轴承推至离合器 $K_1$ 膜片弹簧上，在几个转换点，压缩运动转化为张紧运动，压盘将离合器从动盘和驱动盘推在一起，扭矩就传递到了驱动轴 1 上。

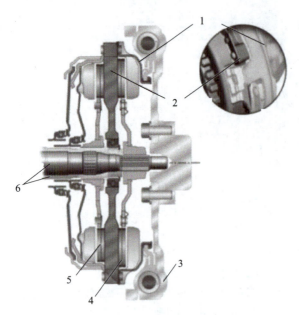

图 7-5 双离合器驱动盘

1—支承环；2—驱动盘；3—双质量飞轮；4—离合器 $K_1$；
5—离合器 $K_2$；6—驱动轴 1 和 2

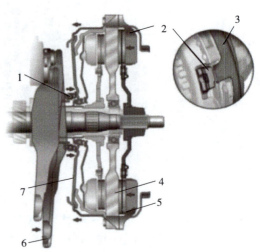

图 7-6 离合器 $K_1$ 工作原理

1—分离轴承；2—压盘；3—膜片弹簧；4—驱动轴；
5—离合器从动盘；6—分离杠杆；7—膜片弹簧

离合器 $K_2$ 工作原理如图 7-7 所示。离合器 $K_2$ 接合，将扭矩传递到驱动轴 2。机电控制单元控制液压离合器 $K_2$ 操控器控制的齿轮副 2 的阀门 $N_{439}$，按压小分离杠杆将小分离轴承推至离合器 $K_2$ 的膜片弹簧上，由于膜片弹簧被离合器壳体所支撑，压盘按压到驱动盘上，扭矩传递到驱动轴 2。

（3）输入轴及齿轮。

驱动轴位于变速器壳体内，每根驱动轴通过花键和一个离合器连接。离合器 $K_1$ 通过花键将扭矩传递到驱动轴 1，扭矩经过驱动轴 1 上的 1 挡齿轮和 3 挡齿轮传递到输出轴 1，也可经过 5 挡齿轮和 7 挡齿轮传递到输出轴 2；离合器 $K_2$ 通过花键将扭矩传递到驱动轴 2，扭矩经过驱动轴 2 上的 2 挡齿轮和 4 挡齿轮传递到输出轴 1，也可经过 6 挡齿轮和倒挡齿轮传递到输出轴 2；通过倒挡中间齿轮 $R_1$，将扭矩传递到输出轴 3 的倒挡齿轮 $R_2$ 上。DQ200 驱动轴如图 7-8 所示，驱动轴 2 是中空轴结构，该轴上有专门记录变速器输入转速的传感器 2 G612 齿轮；驱动轴 1 穿过中空的

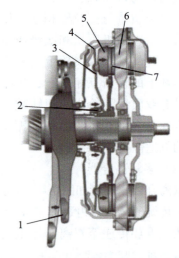

图 7-7 离合器 $K_2$ 工作原理

1—分离杠杆；2—分离轴承；3—膜片弹簧；
4—支点；5—压盘；6—驱动盘；7—离合器从动盘

驱动轴2运行,该轴上有专门记录变速器输入转速的传感器1 G632脉冲轮。

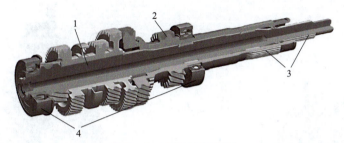

图7-8 DQ200驱动轴
1—驱动轴1；2—驱动轴2；3—花键；4—球轴承

(4) 输出轴及齿轮。

三根输出轴位于变速器壳体内。根据啮合的挡位,发动机扭矩从驱动轴传递到输出轴上。三个输出轴都有输出齿轮和差速器主传动齿轮连接,扭矩通过各输出轴上的输出齿轮,传递至差速器主传动齿轮上。

输出轴1结构如图7-9所示,输出轴1上装有1挡齿轮、3挡齿轮、4挡齿轮、2挡齿轮、1/3挡同步器、2/4挡同步器及输出齿轮,其中1挡、2挡、3挡使用3层同步器,而4挡使用2层同步器。输出轴2结构如图7-10所示,输出轴2上装有5挡齿轮、6挡齿轮、7挡齿轮、5/7挡同步器、6/R挡同步器及输出齿轮,5、6和7挡的换挡器,都使用2层同步器。中间齿轮$R_1$和齿轮$R_2$用于倒车挡。

如图7-10所示,输出轴2上装有5挡齿轮、6挡齿轮、7挡齿轮、5/7挡同步器、6/R挡同步器及输出齿轮,5、6和7挡的换挡器,都使用2层同步器。中间齿轮$R_1$和齿轮$R_2$用于倒车挡。

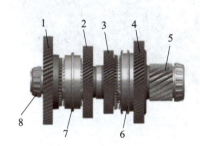

图7-9 输出轴1结构
1—1挡齿轮；2—3挡齿轮；3—4挡齿轮；
4—2挡齿轮；5—输出齿轮；6—2/4挡接合套；
7—1/3挡接合套；8—轴承

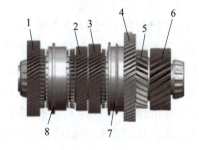

图7-10 输出轴2结构
1—5挡齿轮；2—7挡齿轮；3—6挡齿轮；
4—倒挡齿轮1；5—倒挡齿轮2；6—输出齿轮；
7—6/R挡接合套；8—5/7挡接合套

输出轴3结构如图7-11所示,输出轴3上装有倒挡齿轮、倒挡换挡器、输出齿轮,倒挡换挡器使用1层同步器。

(5) 驻车锁止器。

驻车锁止器如图7-12所示。驻车锁止器集成在双离合自动变速器上,用于确保驻车稳定性,并在手制动器没有拉起的情况下防止车轮不经意滑动。锁销通过变速器上的选挡杆和驻车锁止杆的拉线纯机械啮合,拉线只用于起动驻车锁止器。

图 7-11 输出轴 3 结构

1—驻车锁止齿轮；2—倒挡齿轮；
3—输出齿轮；4—滑动套

图 7-12 驻车锁止器

1—锁销回位弹簧；2—锁销；3—驻车锁止拉线连接插头；
4—固定装置；5—卡槽弹簧；6—解锁销；
7—预张紧弹簧；8—驻车锁止齿轮

### 3. 大众 0AM 双离合自动变速器机电控制单元

大众 0AM 双离合自动变速器机电控制单元中，电子控制单元和电子液压式控制单元合并成为一个部件，如图 7-13 所示，机电控制单元安装在变速器法兰上，它拥有独立于机械式变速器的机油循环管路。

（1）电子控制单元。

电子控制单元是自动变速器机电控制单元的核心，传感器的分布位置如图 7-14 所示。电子控制单元内集成了 11 个传感器，只有变速器输入转速传感器 G182 位于电子控制单元的外面，所有传感器信号和其他控制单元的信号都汇总至此，且所有程序都通过它来执行和监测。

图 7-13 机电控制单元

电子控制单元液压控制并调节 8 个电磁阀，来切换 7 个挡位和启用离合器。当一个挡位啮合时，电子控制单元获悉各个离合器的位置和换挡器的位置，预判这些元件的下一步操作。

①离合器动态传感器 G617 和 G618。

如图 7-15 所示，离合器动态传感器位于机电控制单元离合器操控器的上方，这两个动态传感器用于可靠而精确地记录当前离合器操控器的动态信息。

②变速器输入转速传感器 G182。

如图 7-16 所示，变速器输入转速传感器插在变速器壳体上，能自动检测起动马达齿圈，并记录变速器输入转速。控制单元利用变速器输入转速信号来控制离合器并计算摩擦力。为达到此目的，它会比较位于离合器前部的变速器输入转速传感器 G182 的信号和传递驱动轴速度的传感器 G612 和 G632 的信号。

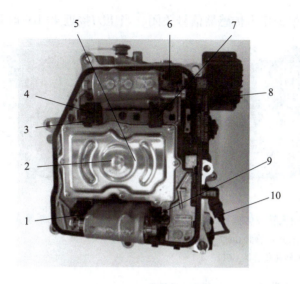

**图 7-14　传感器的分布位置**

1—换挡器位移传感器 2 G488（1/3 挡）；2—集成传感器系统电子控制单元；3—变速器输入转速传感器 G632；
4—换挡器位移传感器 3 G489（5/7 挡）；5—控制单元温度传感器 G519；6—换挡器位移传感器 4 G490（6/R 挡）；
7—变速器输入转速传感器 G612；8—车辆连接插头；9—换挡器位移传感器 1 G487（4/2 挡）；
10—变速器输入转速传感器 G182

**图 7-15　离合器动态传感器**

**图 7-16　输入转速传感器**

③变速器输入转速传感器 1 G632 和变速箱输入转速传感器 2 G612。

如图 7-17 所示，传感器 G632 和传感器 G612 都是霍尔传感器，位于机电控制单元的壳体上。传感器 G632 检测位于驱动轴 1 上的脉冲轮，控制单元利用这个信号计算驱动轴 1 的转速。传感器 G612 检测驱动轴 2 上的脉冲轮，控制单元利用这个信号计算驱动轴 2 的转速。

④控制单元温度传感器 G510。

如图 7-18 所示，温度传感器直接安装在机电控制的电子控制单元里，该传感器信号用来检测机电控制单元的温度。当温度达到 139 ℃时，可明显感到发动机扭矩降低。

⑤变速器液压传感器 G270。

如图 7-19 所示，液压传感器集成在机电控制单元的液压机油循环管路中，控制单元利用该信号控制液压泵 V401 的马达。它被设计成一种膜片式压力传感器，在液压机油压力接近 60 bar[①] 时，马达根据压力传感器信号关闭，当压力接近 40 bar 时重新开启。

图 7-17　输入转速传感器

1—变速器输入转速传感器 G632；
2—变速器输入转速传感器 G612

图 7-18　控制单元温度传感器

⑥换挡器位移传感器 1~4，G487~G490。

如图 7-20 所示，换挡器位移传感器位于机电控制单元中，它们与换挡拨叉上的电磁铁一起产生一个信号，控制单元根据这个信号确定换挡器的精确位置。如果一个位移传感器发生故障，控制单元就无法检测相应的换挡器位置了，因此，控制单元就不能通过换挡器和换挡拨叉识别是否进行了换挡操作。

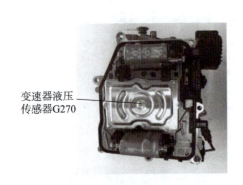

图 7-19　变速器液压传感器

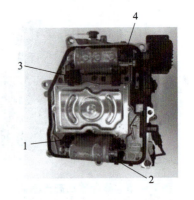

图 7-20　换挡器位移传感器

1—G488：1 挡和 3 挡；2—G489：5 挡和 7 挡；
3—G490：6 挡和倒挡；4—G487：2 挡和 4 挡

（2）电子液压式控制单元。

如图 7-21 所示，大众 0AM 电子液压式控制单元集成在机电控制模块里，它产生换挡和启用离合器所需的机油压力。机油压力的产生和控制：液压泵马达产生机油压力，一个机油压力蓄压器用来确保在电磁阀里总存在有效的机油压力。

如图 7-22 所示，双离合器变速器使用两种机油，并在两套独立的机油循环管路中进行运作。一套用于机械式变速器的机油循环管路，机械式变速器各轴和齿轮的供油方式和其他普通手动变速器一样，机械式变速器的机油加注量为 1.7 L；另一套用于机电控制模块的机

---

① 1 bar = 0.1 MPa。

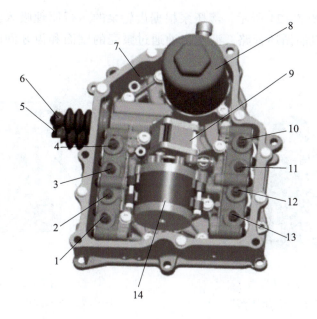

**图 7-21 电子液压式控制单元**

1—齿轮副 1 的阀门 1 $N_{433}$（1/3 换挡阀）；2—齿轮副 1 的阀门 4 $N_{436}$（压力调节器）；3—齿轮副 1 的阀门 2 $N_{434}$（5/7 换挡阀）；4—齿轮副 1 的阀门 3 $N_{435}$（离合器 $K_1$）；5—通向离合器 $K_2$；6—通向离合器 $K_1$；7—电子液压控制单元；8—蓄压器；9—液压泵；10—齿轮副 2 的阀门 2 $N_{438}$（6/R 换挡阀）；11—齿轮副 2 的阀门 4 $N_{440}$（压力调节器）；12—齿轮副 2 的阀门 3 $N_{439}$（离合器 $K_2$）；13—齿轮副 2 的阀门 1 $N_{437}$（2/4 换挡阀）；14—液压马达

油循环管路，一个机油泵按需输送机油，以确保液压机电控制单元功能的正常，机电控制单元的机油加注量为 1.1 L。

用于机械式变速器的机油循环回路

**图 7-22 机油循环管路**

① 液压泵。

如图 7-23 所示，液压泵单元位于机电控制模块里，包含一个液压泵和一个电动马达。液压泵马达是一个无电刷的直流马达，根据压力要求，由机电控制单元的电子控制单元控制它的启用，它通过一个连接器来驱动液压泵。

液压泵结构如图7-24所示,液压泵根据齿轮泵的运行原理吸入液压机油,并以大约70 bar 的压力泵入机油循环管路,液压机油通过泵壳的壁面和齿牙间隙,从吸入侧泵至压力侧。

图7-23 液压泵

1—液压泵;2—液压泵马达

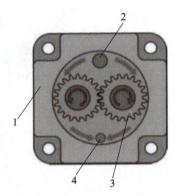

图7-24 液压泵结构

1—外壳;2—进油腔;3—驱动齿轮;4—出油腔

②变速器液压传感器 G270 和限压阀。

液压泵将液压机油泵入滤清器,接着到限压阀、蓄压器和液压传感器。当在限压阀和液压传感器中的液压机油压力接近约 70 bar 时,控制单元打开电动马达,并关闭液压泵。旁通阀能确保在滤清器管道阻塞的情况下系统功能正常。

③蓄压器。

如图7-25所示,蓄压器被设计成一种气体压力蓄压器。当液压泵关闭时,它可为液压系统提供机油压力。它的储量为 0.2 L。

④齿轮副压力控制电磁阀。

资源7-3 蓄压器

如图7-26所示,齿轮副1压力控制阀4 $N_{436}$,齿轮副2压力控制阀4 $N_{440}$ 都是电磁阀,且位于机电控制单元的液压模块中。压力控制阀 $N_{436}$ 控制换挡器的液压机油压力和齿轮副1的离合器操控器,齿轮副1用于1,3,5和7挡之间的切换。压力控制阀 $N_{440}$ 控制换挡器的液压机油压力和齿轮副2的离合器操控器,齿轮副2用于2,4,5和R挡之间的切换。如果在某个齿轮副中监测到故障,压力控制电磁阀就会断开相应的齿轮副。

图7-25 蓄压器

图7-26 齿轮副压力控制电磁阀

1—齿轮副1压力控制阀4 $N_{436}$(压力调节器);
2—齿轮副2压力控制阀4 $N_{440}$(压力调节器)

⑤换挡电磁阀。

如图 7-27 所示,齿轮副 1 的阀门 1 $N_{433}$,齿轮副 1 的阀门 2 $N_{434}$,齿轮副 2 的阀门 1 $N_{437}$,齿轮副 2 的阀门 2 $N_{438}$,这四个换挡电磁阀位于机电控制单元的液压模块中。变速器控制单元利用换挡电磁阀的位置来控制换挡器的机油容量并进行换挡。每个换挡器可切换两个挡位,如果没有挡位啮合,换挡器通过机油压力保持在空挡位置。

⑥离合器操控器电磁阀。

如图 7-28 所示离合器操控器电磁阀控制到离合器操控器的机油容量,用于控制离合器 $K_1$ 和 $K_2$。如果没有供给电流,电磁阀和离合器都处于打开状态。

图 7-27　换挡电磁阀

1—齿轮副 1 的阀门 1 $N_{433}$；2—齿轮副 1 的阀门 2 $N_{434}$；
3—齿轮副 2 的阀门 2 $N_{438}$；4—齿轮副 2 的阀门 1 $N_{437}$

图 7-28　离合器操控器电磁阀

1—齿轮副 1 的阀门 3 $N_{435}$（离合器 $K_1$）；
2—齿轮副 2 的阀门 3 $N_{439}$（离合器 $K_2$）

## 二、任务实施

### 任务 7.1　在台架上进行大众 0AM 双离合自动变速器中双离合器的更换

**1. 任务说明**

装有大众 0AM 双离合自动变速器的汽车,在使用中若出现双离合器故障,会出现只以奇数挡位或只以偶数挡位行驶的状况,需进行双离合器的更换。

**2. 技术要求与标准**

(1) 学员能够在 45 min 内独立完成此项目。
(2) 学员能够严格按维修手册要求进行拆装作业。
(3) 保证人身及设备安全。

**3. 设备器材**

(1) 装有大众 0AM 双离合自动变速器的台架。
(2) 世达工具一套。
(3) 专用工具见表 7-1。

表 7-1 专用工具

| 序号 | 工具名称 | 规格型号 | 数量 |
|---|---|---|---|
| 1 | 吊板 | VW309 | 1 |
| 2 | 变速器支架 | VW353 | 1 |
| 3 | 钩子 | 3438 | 1 |
| 4 | 拉具 | T10373 | 1 |
| 5 | 止推片 | T10376 | 1 |
| 6 | 支撑架 | T10323 | 1 |
| 7 | 支撑套筒 | CT80016 | 1 |
| 8 | 开口弹簧钳 | VW161A | 1 |
| 9 | 装配工具 | T10356 | 1 |
| 10 | 测量工具 | CT10374 | 1 |
| 11 | 标尺 | CT40100 | 1 |

**4. 作业准备**

（1）检查拆装架。　　　　□ 任务完成

（2）准备工具、零件台。　□ 任务完成

**5. 操作步骤**

（1）双离合器的拆卸。

资源 7-4　双离合器的拆卸

①拆下毂盘的卡环（图 7-29），用钩子 3438 和一字螺丝刀拆下毂盘（图 7-30）。

②用开口弹簧钳 VW161A 拆下卡环（图 7-31），将支撑套筒 CT80016 安装到输入轴上。

③安装拉具 T10373 并将工具顺时针旋转到止位，拧紧拉具上的丝杠，将双离合器向上拉出（图 7-32）。

图 7-29　拆下毂盘的卡环

图 7-30　拆下毂盘

图 7-31 拆下卡环

图 7-32 将双离合器向上拉出

（2）拆卸离合器的分离杠杆和分离轴承。

①拆下小分离轴承和调整垫片（图 7-33），再拆下大分离杠杆（图 7-34）。

②旋出螺栓，拆下小分离杠杆和固定卡子（图 7-35），拆下分离杠杆的塑料定位件（图 7-36）。

资源 7-5 拆卸离合器的分离杠杆和分离轴承

图 7-33 拆下小分离轴承和调整垫片

图 7-34 拆下大分离杠杆

图 7-35 拆下小分离杠杆和固定卡子

图 7-36 拆下分离杠杆的塑料定位件

（3）安装离合器的分离杠杆和分离轴承。

①安装分离杠杆的塑料定位件。安装小分离杠杆和固定卡子，拧紧力矩为 8 N·m，继

续拧紧90°。

②安装大分离杠杆，检查两个杠杆是否安装到位。

③调整分离轴承"$K_1$"和"$K_2$"的位置。

④安装小分离轴承及测量后选择的调整垫片 $K_2$，转动检查小分离轴承是否安装到位。

（4）双离合器的安装。

资源7-6　安装离合器的分离杠杆和分离轴承

资源7-7　调整分离轴承"$K_1$"和"$K_2$"的位置

资源7-8　双离合器的安装

①用拉具 T10373 将双离合器安装到变速器内，取出拉具按压双离合器（图7-37）。

②安装支撑架 T10323 和装配工具 T10356，要求支撑架 T10323 与变速器法兰平行，用工具拧紧丝杠到合适位置（图7-38）。

图7-37　将双离合安装到变速器内

图7-38　用工具拧紧丝杠到合适位置

③安装卡环（图7-39）。按标记装入毂盘（图7-40）。安装毂盘卡环，使卡环的开口朝向毂盘较大的标记齿。

图7-39　安装卡环

图7-40　按标记装入毂盘

④旋转双离合器，应转动自如。

**6. 记录与分析**

**任务 7.1　在台架上进行大众 0AM 双离合自动变速器中双离合器的更换作业记录单**

| 基本信息 | 班级 | | 姓名 | | 学号 | |
|---|---|---|---|---|---|---|
| | 设备型号 | | 任务名称 | | 日期 | |
| 双离合器的更换 | 更换步骤 | | | 部件名称 | | |
| | | | | | | |
| | | | | | | |
| | | | | | | |
| | | | | | | |
| | | | | | | |
| | | | | | | |
| | | | | | | |
| 课后思考 | | | | | | |

## 任务 7.2　大众 0AM 双离合自动变速器机电控制单元的更换

**1. 任务说明**

对于装有大众 0AM 双离合自动变速器的汽车，在行驶中若出现机电控制单元故障，自动变速器中的计算机将采取应急模式工作，即此时只有前进 3 挡和倒挡，以保证其基本行驶功能；若检测到机电控制单元故障，将会进行机电控制单元的更换。

**2. 技术要求与标准**

（1）学员能够在 45 min 内独立完成此项目。
（2）学员能够严格按维修手册要求进行拆装作业。
（3）保证人身及设备安全。

**3. 设备器材**

（1）装有大众 0AM 双离合自动变速器的汽车。
（2）世达工具一套。
（3）专用工具分离杆 CT10407、导向销 CT10406。

**4. 作业准备**

（1）连接电脑诊断仪。　　　　　　　　　　□ 任务完成

(2) 检查汽车变速器。　　　　　　　　　　□ 任务完成

(3) 准备工具。　　　　　　　　　　　　　□ 任务完成

**5. 注意事项**

(1) 拆装前学员需了解掌握各工具的使用。

(2) 在教师指导下严格按照操作规范进行拆装操作。

(3) 不要分解 DQ200 变速器机电控制单元。

(4) 机电控制单元内的液压油有压力，不允许将其打开。

**6. 操作步骤**

(1) 拆卸机电控制单元。

①将换挡杆置于位置"P"，用诊断仪将所有换挡活塞移动至"空挡"位置。

②拆卸空气滤清器壳体总成、蓄电池及其支架。

③拔出变速器的通气塞（图 7-41），并用合适的堵头进行密封，以免泄漏自动变速器油。

④松开并拔出机电控制单元的连接插头（图 7-42）。

图 7-41　拔出自动变速器的通气塞

图 7-42　松开并拔出机电控制单元的连接插头

⑤举升汽车，拆卸车辆底部护板。

⑥排空齿轮油，然后安装放油螺栓，拧紧力矩 30 N·m。

⑦从机电控制单元下部线束固定支架上脱开氧传感器插头 1 和 2（图 7-43）。

⑧拆下机电控制单元线束固定支架 3，用一字起松开变速器壳体的变速器输入转速传感器（图 7-44）。

图 7-43　脱开氧传感器插头

图 7-44　松开变速器输入转速传感器

1—氧传感器插头 1；2—氧传感器插头 2；3—线束固定支架

⑨在分离杠杆右侧插入分离杆 CT10407（图 7-45），直至分离杆的凹槽与壳体的凸筋平齐。逆时针旋转分离杆，这样按压就会使分离杠杆与活塞杆分离。注意：不要取出分离杆，在整个过程中，它必须始终插在分离杠杆和变速器壳体之间。

⑩用对角的方式旋出机电控制单元固定螺栓，其他螺栓不准动（图 7-46）。拆下机电控制单元。

图 7-45 插入分离杆专用工具

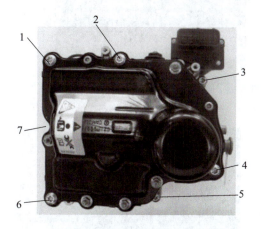

图 7-46 旋出机电控制单元固定螺栓

资源 7-9 使分离杠杆与活塞杆分离

资源 7-10 拆下机电控制单元

(2) 安装机电控制单元。

①确保所有换挡拨叉都处于"空挡位置"（图 7-47）。

②清洁机电控制单元上的密封接触面，用手旋入导向销 CT10406，将所有换挡活塞都凸出 25 mm（图 7-48）。

③安装机电控制单元，安装时应确保不会将换挡拨叉意外地移动。

资源 7-11 安装机电控制单元

④装入新固定螺栓并用手拧紧，确保机电控制单元的活塞杆正确地放置在分离杠杆的圆形底座中（图 7-49），对角交替拧紧机电控制单元的固定螺栓，拧紧力矩为 10 N·m（图 7-50）。

⑤顺时针方向旋转并拆下分离杆 CT10407。

⑥安装变速器输入转速传感器 G182。拆下堵头，并装上变速器通气管。

⑦装上机电控制单元的连接插头。安装机电控制单元前部的线束固定支架，拧紧螺栓，拧紧力矩为 6 N·m。

⑧连接插头，并装到线束固定支架上。

⑨安装空气滤清器壳体总成，连接蓄电池，安装车辆底部隔音板。

图7-47　所有换挡拨叉都处于"空挡位置"

图7-48　将所有换挡活塞都凸出25 mm

图7-49　活塞杆正确位置

图7-50　装入新固定螺栓

⑩使用诊断仪进行"执行基础设定"。

### 7. 记录与分析

任务7.2　大众0AM双离合自动变速器机电控制单元的更换作业记录单

| 基本信息 | 班级 | | 姓名 | | 学号 | |
|---|---|---|---|---|---|---|
| | 设备型号 | | 任务名称 | | 日期 | |
| 机电控制单元的更换 | 更换步骤 | | | 部件名称 | | |
| | | | | | | |
| | | | | | | |
| | | | | | | |
| | | | | | | |
| | | | | | | |
| | | | | | | |
| | | | | | | |
| | | | | | | |
| | | | | | | |
| | | | | | | |

| 课后思考 | |
|---|---|

续表

## ❋ 三、拓展学习

下面介绍一下自动变速器中的无级变速器。

### （一）无级变速器概述

无级变速器（Continuously Variable Transmission，CVT）是传动比可以在一定范围内连续变化的变速器。它采用传动带和工作直径可变的主、从动轮相配合来传递动力，可以实现传动比的连续改变，从而得到传动系统与发动机工况的最佳匹配，最大限度地利用发动机的特性，提高汽车的动力性和燃油经济性，目前在汽车上的应用越来越多。目前常见的无级变速器是金属带式无级变速器（VDT-CVT）。

图7-51为金属带式无级变速器的变速原理。变速部分由主动带轮、金属带和从动带轮组成。每个带轮都是由两个带有斜面的半个带轮组成一体，其中一个半轮是固定的，另一个半轮可以通过液压控制系统控制其轴向移动，两个带轮之间的中心距是固定的，但由于两个带轮的直径可以连续无级变化，所以传动比也是连续无级变化的。

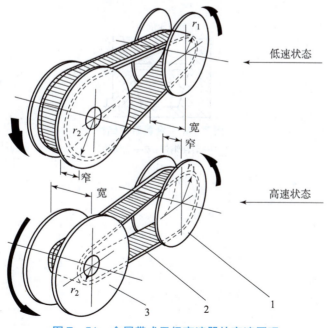

图7-51 金属带式无级变速器的变速原理

1—主动带轮；2—金属传动带；3—从动带轮

## （二）无级变速器的组成和工作原理

无级变速器主要由无级变速传动机构和液压及电子控制系统两部分组成。

一般无级变速传动机构形成的传动比在 0.44～4.69，和其他自动变速器一样，在其前面一般通过电磁离合器或带有锁止离合器的液力变矩器和发动机相连，在其后则通过主减速器进一步降速增扭。图 7－52 是无级变速器的关键部件金属带的结构，它由一层层带有 V 形斜面的金属片通过柔性的钢带所组成，靠 V 形金属片传递动力，而柔性钢带则只起支承与保持作用。和普通的带传动不一样，这种带在工作时相当于由主动轮通过钢带推着从动轮旋转来传递动力。一般钢带总长约 600 mm，由 300 块金属片组成，每片厚约 2 mm，宽约 25 mm，高约 12 mm。每条带包含柔性的钢带 2～11 条，每条钢带厚约 0.18 mm。生产出能够传递高转矩和高转速的 V 形钢带，是当前无级变速传动研究的主要问题之一。

资源 7－12　无级变速器（CVT）

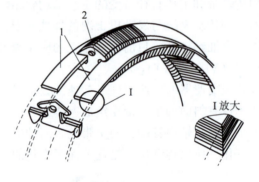

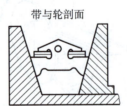

图 7－52　金属带的结构
1—柔性钢带；2—金属块

# 参 考 文 献

［1］李巍. 汽车自动变速器系统维修实例精选及剖析.［M］. 北京：机械工业出版社，2013.
［2］许子阳. 汽车底盘结构与拆装.［M］. 沈阳：东北大学出版社，2015.
［3］郭兆松. 汽车自动变速器构造与维修.［M］. 北京：清华大学出版社，2013.
［4］沈沉，张立新，虞耀君. 汽车自动变速器维修实训教程.［M］. 北京：人民交通出版社，2009.
［5］张宏坤. 汽车底盘检修.［M］. 沈阳：东北大学出版社，2015.
［6］孙伟东. 新款汽车自动变速器检测与维修专辑.［M］. 北京：机械工业出版社，2009.
［7］曹利民，耿勤武. 汽车自动变速器维修精华.［M］. 北京：机械工业出版社，2006.
［8］周志伟，韩彦明，顾雯斌. 汽车自动变速器构造与维修.［M］. 北京：人民交通出版社，2014.
［9］王盛良. 汽车自动变速器技术与检修.［M］. 北京：机械工业出版社，2013.
［10］李伟. 图解汽车自动变速器、无级变速器构造与检修.［M］. 北京：机械工业出版社，2010.
［11］王正旭. 汽车自动变速器原理与检修一体化教程.［M］. 北京：机械工业出版社，2009.
［12］孙余凯，等. 新型汽车电子电器元器件的检测与维修.［M］. 北京：人民邮电出版社，2003.
［13］张红伟，王国林. 汽车底盘构造及维修.［M］. 北京：高等教育出版社，2004.

# 汽车自动变速器构造与检修

主　编　孙静霞　王永莉
副主编　冯益增　戴仲谋　许子阳
参　编　李松林　宋教华
主　审　王福忠

北京理工大学出版社
BEIJING INSTITUTE OF TECHNOLOGY PRESS

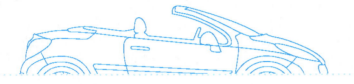

# 目录

## 学习评价 1　自动变速器概述 …………………………………………… 001
　　（一）理论部分 ………………………………………………… 001
　　（二）技能部分 ………………………………………………… 002

## 学习评价 2　液力变矩器构造与检修 …………………………………… 004
　　（一）理论部分 ………………………………………………… 004
　　（二）技能部分 ………………………………………………… 005

## 学习评价 3　齿轮变速器构造与检修 …………………………………… 007
　　（一）理论部分 ………………………………………………… 007
　　（二）技能部分 ………………………………………………… 009

## 学习评价 4　自动变速器电子控制系统 ………………………………… 013
　　（一）理论部分 ………………………………………………… 013
　　（二）技能部分 ………………………………………………… 015

## 学习评价 5　自动变速器液压控制系统 ………………………………… 017
　　（一）理论部分 ………………………………………………… 017
　　（二）技能部分 ………………………………………………… 018

## 学习评价 6　自动变速器性能试验与常见故障诊断 …………………… 022
　　（一）理论部分 ………………………………………………… 022
　　（二）技能部分 ………………………………………………… 024

## 学习评价 7　双离合自动变速器 ………………………………………… 027
　　（一）理论部分 ………………………………………………… 027
　　（二）技能部分 ………………………………………………… 028

# 学习评价1　自动变速器概述

## （一）理论部分

**1. 填空题**

（1）自动变速器的D、S、L均属于前进挡，其中S、L均有_____功能，适合车辆在_____上行驶，以自动限制车速，保证行驶的安全。

（2）CVT是现代发展极快的一种自动变速器，其自动变速的基本原理是利用改变_____来改变传动比。

（3）目前使用的自动变速器按照传动及控制原理的不同可分为_____、_____、_____和_____四种。

（4）自动变速器主要由_____、_____、_____、_____、_____组成。

（5）电子控制系统主要包括_____、_____、_____等。

**2. 选择题**

（1）液力变矩器位于什么位置？甲说自动变速器最前端。乙说自动变速器最后端。请问谁的说法正确？（　　）

A. 甲正确　　　　　B. 乙正确　　　　　C. 两人都正确　　　　　D. 两人都不正确

（2）对于装有自动变速器的汽车？甲说取消了离合器踏板。乙说仍然有离合器踏板。请问谁的说法正确？（　　）

A. 甲正确　　　　　B. 乙正确　　　　　C. 两人都正确　　　　　D. 两人都不正确

（3）CVT是哪种变速器的缩写？（　　）

A. 有级变速器　　　B. 双离合变速器　　C. 无级变速器　　　　　D. 手动变速器

（4）自动变速器中的ATF是（　　）。

A. 自动变速器油　　　　　　　　　　　B. 冷却液

C. 行星齿轮　　　　　　　　　　　　　D. 换挡执行机构

（5）下列不属于AT的优点的是（　　）。

A. 简单省力　　　　　　　　　　　　　B. 起步平顺

C. 换挡平顺　　　　　　　　　　　　　D. 有驾驶乐趣

（6）以下关于双离合自动变速器描述错误的是（　　）。

A. 双离合自动变速器中采用了拨叉机构

B. 双离合自动变速器中的齿轮为常啮合齿轮

C. 双离合自动变速器在换挡时动力传递会中断

D. 在双离合自动变速器中，两组离合器分别控制相应的挡位交替换挡

(7) 机电液一体化自动变速器的英文缩写是（　　）。

A. AT　　　　　B. CVT　　　　　C. DCT　　　　　D. AMT

(8) 变速杆置于（　　）挡位置时，驻车锁止机构将自动变速器输出轴锁止。

A. D　　　　　B. P　　　　　C. N　　　　　D. R

### 3. 判断题

(1) 任何挡位都能起动自动挡汽车。　　　　　　　　　　　　　　　　　　　　（　　）

(2) 任何情况下都可以低挡位挂入高挡位，或从高挡位挂入低挡位。　　　　　　（　　）

(3) 自动挡汽车被拖行时，需要挂空挡，驱动轮离地拖行。　　　　　　　　　　（　　）

(4) 只有在车辆完全停稳后才可以将自动变速器的操纵杆置于 P 位。　　　　　（　　）

(5) 汽车的最佳换挡车速主要取决于汽车行驶时的节气门开度。　　　　　　　　（　　）

(6) ATF 对自动变速器进行冷却，保持温度在 80～90 ℃之间。　　　　　　　　（　　）

(7) 各类传感器及开关属于自动变速器液压控制系统。　　　　　　　　　　　　（　　）

(8) 在 D 挡模式下自动变速器可以自由换挡，但是换挡时机会延迟，使发动机在高转速上保持较长时间，即时输出大扭力。　　　　　　　　　　　　　　　　　　（　　）

### 4. 问答题

(1) 简述电控自动变速器的基本原理？

(2) 自动变速器的变速杆有哪些挡位？

(3) 自动变速器如何正确使用？

## （二）技能部分

**任务　自动变速器的认知作业记录单**

| 基本信息 | 班级 | | 姓名 | | 学号 | |
|---|---|---|---|---|---|---|
| | 设备型号 | | 任务名称 | | 日期 | |
| 自动变速器的认知 | 自动变速器类型 | | | 部件名称、作用 | | |
| | | | | | | |
| | | | | | | |
| | | | | | | |
| | | | | | | |
| 课后思考 | | | | | | |

## 任务　自动变速器的认知评价表

| 基本信息 | 班级 | | 姓　名 | | 学号 | | 组别 | |
|---|---|---|---|---|---|---|---|---|
| | 规定时间 | | 完成时间 | | 考核日期 | | 成绩 | |
| 任务工单 | 序号 | 步骤 | | 评分标准 | | 配分 | | 评分 |
| | 1 | 认识捷达辛普森式自动变速器 | | 正确认识自动变速器类型及结构 | | 10 | | |
| | 2 | 认识日产千里马辛普森式自动变速器 | | 正确认识自动变速器类型及结构 | | 10 | | |
| | 3 | 认识雪铁龙 AL4 辛普森式自动变速器 | | 正确认识自动变速器类型及结构 | | 10 | | |
| | 4 | 认识大众 01M 拉维娜式自动变速器 | | 正确认识自动变速器类型及结构 | | 10 | | |
| | 5 | 认识大众 0AM 干式双离合自动变速器 | | 正确认识自动变速器类型及结构 | | 10 | | |
| | 6 | 认识无级变速器 | | 正确认识自动变速器类型及结构 | | 10 | | |
| | 7 | 整理工具、整理场地 | | 不操作无分 | | 15 | | |
| 安全 | | | | | | 5 | | |
| 5S | | | | | | 5 | | |
| 团队协作 | | | | | | 5 | | |
| 沟通表达 | | | | | | 5 | | |
| 工单填写 | | | | | | 5 | | |

# 学习评价2 液力变矩器构造与检修

## （一）理论部分

**1. 填空题**

（1）现代自动变速器的液力变矩器由_____、_____、_____和_____等组成。

（2）在液力变矩器中发生油流的形式是_____和_____。

（3）液力变矩器的工作过程概括为两个工况，一个是_____，另一个是_____。

（4）泵轮和壳体通过_____直接连接在发动机曲轴的驱动盘上，涡轮通过_____连接在变速器的输入轴上。

（5）液力变矩器的功用包括_____、_____、_____、_____等。

（6）楔块式单向离合器由_____、_____、_____、_____、_____等组成。

（7）进行液力变矩器轴套径向跳动检查时将液力变矩器所在位置做个标记，暂时装到飞轮上，用_____检查变矩器轴套的径向跳动误差。

**2. 选择题**

（1）液力变矩器的泵轮和涡轮转速差愈大则（　　）。
A. 输出转矩愈大　　B. 输出转矩愈小　　C. 效率愈高　　D. 输出功率愈大

（2）液力变矩器的锁止电磁阀的作用是当车速升到一定值后，控制油液能把（　　）锁为一体。
A. 泵轮和导轮　　　　　　　　B. 泵轮和涡轮
C. 泵轮和单向离合器　　　　　D. 涡轮和泵轮

（3）关于自动变速器的液力变矩器，下列说法中正确的是（　　）。
A. 能将发动机的转矩传递给变速器　　B. 涡轮与发动机转速相同
C. 导轮由发动机直接驱动　　　　　　D. 导轮与涡轮之间通过单向离合器连接

（4）自动变速器的液力变矩器中，其泵轮是被（　　）驱动的。
A. 单向离合器　　　　　　　　B. 从涡轮抛出的油流
C. 变矩器外壳　　　　　　　　D. 锁止离合器

（5）自动变速器的液力变矩器中，当涡轮的转速接近泵轮的转速时，此时具有（　　）的特点。
A. 输出的转矩变大
B. 变矩器的输入、输出转矩接近相等

C. 为维持转速接近，工作液的循环油流必须很强

D. 导轮改变从涡轮流出的油流方向

（6）当讨论泵轮时，技师甲说液力变矩器的泵轮被变矩器壳体驱动，技师乙说泵轮是用花键连接在变速器输入轴上而被从涡轮抛出的液流驱动。谁的说法是正确的？（　　）

A. 甲正确　　　　　B. 乙正确　　　　　C. 两人均正确　　　　　D. 两人均不正确

（7）技师甲说单向离合器有滚柱式和楔块式两种；技师乙说滚柱式离合器利用内外座圈的斜槽进行工作。谁的说法是正确的？（　　）

A. 甲正确　　　　　B. 乙正确　　　　　C. 两人均正确　　　　　D. 两人均不正确

（8）锁止离合器的常见故障有（　　）。

A. 不锁止　　　　　B. 常锁止　　　　　C. 烧蚀　　　　　D. 破损

### 3. 判断题

（1）液力变矩器的导轮改变并加强了从泵轮流出的油流，使涡轮得到增强的油流，从而使涡轮增矩。（　　）

（2）液力变速器外壳会由于过热而变成蓝色。（　　）

（3）自动变速器的导轮与自动变速器变速传动机构相连接。（　　）

（4）在液力变矩器中，当涡轮转速最高时，产生的环流也最大。（　　）

（5）液力变矩器的导轮是通过单向离合器安装在涡轮轴上。（　　）

（6）当车辆起步、低速或在坏路面上行驶时，应将锁止离合器锁止，使液力变矩器具有变矩作用。（　　）

（7）液力变矩器的泵轮是主动轮，泵轮轴上有驱动油泵的凹槽。（　　）

（8）离合器又称为自由轮机构、超越离合器，其功用是实现导轮的单向锁止。（　　）

### 4. 问答题

（1）简述液力变矩器基本工作原理？

（2）简述液力变矩器基本检修内容？

（3）如何进行液力变矩器噪声的诊断？

## （二）技能部分

### 任务　液力变矩器的结构认识与检修作业记录单

| 基本信息 | 班级 | | 姓名 | | 学号 | |
|---|---|---|---|---|---|---|
| | 设备型号 | | 任务名称 | | 日期 | |
| 部件名称 | 主要部件名称 | | | 作用 | | |
| | | | | | | |
| | | | | | | |
| | | | | | | |
| | | | | | | |

续表

| 液力变矩器的检查 | 检查项目 | 检查结果 |
|---|---|---|
| | 液力变矩器的外观检查 | |
| | 单向离合器检测 | |
| | 导轮和涡轮之间的干涉检查 | |
| | 导轮和泵轮之间的干涉检查 | |
| | 液力变矩器轴套径向跳动检测 | |
| 课后思考 | | |

## 任务　液力变矩器的结构认识与检修评价表

| 基本信息 | 班级 | | 学号 | | 姓名 | | 组别 | |
|---|---|---|---|---|---|---|---|---|
| | 规定时间 | | 完成时间 | | 考核日期 | | 成绩 | |

| | 序号 | 步骤 | 评分标准 | 配分 | 评分 |
|---|---|---|---|---|---|
| 任务工单 | 1 | 考核准备：工具、设备 | 不操作无分 | 5 | |
| | 2 | 液力变矩器的外观检查 | 不操作无分 | 10 | |
| | 3 | 单向离合器检测 | 未用专业工具检查扣 5 分 | 15 | |
| | 4 | 导轮和涡轮之间的干涉检查 | 不操作无分 | 10 | |
| | 5 | 导轮和泵轮之间的干涉检查 | 不操作无分 | 10 | |
| | 6 | 液力变矩器轴套径向跳动检测 | 未用百分表检查扣 5 分 | 15 | |
| | 7 | 整理工具、整理场地 | | 10 | |
| 安全 | | | | 5 | |
| 5S | | | | 5 | |
| 团队协作 | | | | 5 | |
| 沟通表达 | | | | 5 | |
| 工单填写 | | | | 5 | |

## 学习评价 3　齿轮变速器构造与检修

### （一）理论部分

**1. 填空题**

（1）在行星齿轮变速器中，如果_____固定和以_____齿轮为主动件，则可以形成减速挡。

（2）如果行星齿轮机构中任意两元件以_____和_____转动，则第三元件与前二者一起同速转动，而形成_____挡。

（3）拉维娜式行星齿轮变速器有两组_____，两个_____和一个共用的_____组成。

（4）AT 的动力传递是通过_____离合器、_____离合器和_____控制各挡的传动路线。

（5）单排单级行星齿轮机构的结构特点是：_____和_____，所以它只有四个独立的元件。

**2. 选择题**

（1）在辛普森式行星齿轮变速器中，当齿圈固定，太阳轮作主动件，可获得的传动比为（　　）。
A. >2　　　　　　B. =2　　　　　　C. <2　　　　　　D. <1

（2）在行星齿轮机构中，只有当（　　）时，才能获得倒挡。
A. 行星架制动，齿圈主动　　　　　　B. 行星架主动，太阳轮制动
C. 齿圈制动，太阳轮主动　　　　　　D. 太阳轮主动，行星架制动

（3）技师甲说行星架作为输入元件时，行星齿轮机构就产生降速挡；技师乙说行星架固定时，行星齿轮机构的输出与输入转向相反，而产生倒挡。谁的说法是正确的？（　　）
A. 甲正确　　　　　　　　　　　　　B. 乙正确
C. 两人均正确　　　　　　　　　　　D. 两人均不正确

（4）当讨论行星齿轮机构中的倒挡时，技师甲说如果齿圈被固定，行星齿轮机构的输出与输入转向相反；技师乙说如果太阳轮被固定，行星齿轮机构的输出与输入转向相反。谁的说法是正确的？（　　）
A. 甲正确　　　　　　　　　　　　　B. 乙正确
C. 两人均正确　　　　　　　　　　　D. 两人均不正确

（5）技师甲说如果行星架作为输出元件，它的转动方向总与输入元件转向相同；技师

乙说如果行星架作为输入元件，输出元件的转动方向总与行星架的转向相反。谁的说法是正确的？（　　）

A. 甲正确　　　　　　　　　　　　B. 乙正确
C. 两人均正确　　　　　　　　　　D. 两人均不正确

（6）当讨论制动带的工作时，技师甲说油压作用于制动带的工作活塞组件；技师乙说蓄压器有预压，能补充系统油压的不足。谁的说法是正确的？（　　）

A. 甲正确　　　　　　　　　　　　B. 乙正确
C. 两人均正确　　　　　　　　　　D. 两人均不正确

（7）当讨论辛普森式行星齿轮自动变速器时，技师甲说前行星架可以用作齿轮机构的输出元件；技师乙说后齿圈可以用作齿轮机构的输出元件。谁的说法是正确的？（　　）

A. 甲正确　　B. 乙正确　　C. 两人均正确　　D. 两人均不正确

（8）技师甲说所有可调整制动带的锁止螺母和调整螺钉都在变速器箱体外面；技师乙说：一些制动带不用螺钉调整。谁的说法是正确的？（　　）

A. 甲正确　　B. 乙正确　　C. 两人均正确　　D. 两人均不正确

### 3. 判断题

（1）太阳轮、齿圈和行星齿轮三者的旋转轴线是重合的。　　　　　　　　（　　）

（2）AT 中制动器的作用是把行星齿轮机构中的某两个元件连接起来形成一个整体共同旋转。　　　　　　　　　　　　　　　　　　　　　　　　　　　　　（　　）

（3）AT 的制动器能把行星齿轮机构中的元件锁止，不让其旋转。　　　　（　　）

（4）AT 的离合器的自由间隙是利用增减离合器片或钢片的片数进行调整的。（　　）

（5）在自动变速器中使用数个多片湿式制动器，为使其停止运作时油缸排油迅速，其油缸内设置了单向阀钢珠。　　　　　　　　　　　　　　　　　　　　（　　）

（6）自动变速器中的离合器以机械方式进行运作控制。　　　　　　　　（　　）

（7）由于行星齿轮机构处于常啮合状态，故动力传输不会产生齿轮间冲击。（　　）

（8）当行星齿轮机构中的太阳轮、齿圈或行星架都不被锁止时，则会形成空挡。（　　）

### 4. 分析题

某自动变速器起步、加速均不顺畅，检查油质时有焦煳味，更换新 ATF 后故障未消除，而且新 ATF 也有黑状，油温较高，仔细检查油底壳有较多粉状物不被其中的磁铁吸附。请回答下列问题：

（1）如检查油底有磁性金属粉末，表明_____、_____、_____有较严重磨损。

（2）解体自动变速器，发现摩擦片较干燥，且均有严重磨损，那么重点检查的部位是_____和_____。

（3）从 ATF 散热器流出的油流正常温度应在_____范围内。

（4）ATF 吸热最多的部位是（　　）。

A. 离合器和制动器
B. 齿轮传动及各轴承
C. 锁止状态时的液力变矩器
D. 处于起步或低速时的液力变矩器

(二)技能部分

**任务　大众01M自动变速器齿轮变速机构拆装与检修作业记录单**

| 基本信息 | 班级 | | 姓名 | | 学号 | |
|---|---|---|---|---|---|---|
| | 设备型号 | | 任务名称 | | 日期 | |
| 大众01M自动变速器行星齿轮机构的分解 | 操作步骤 | | | 部件名称检查结果 | | |
| | | | | | | |
| | | | | | | |
| | | | | | | |
| | | | | | | |
| | | | | | | |
| | | | | | | |
| 检查调整倒挡制动器 $B_1$ | | | | | | |
| | | | | | | |
| | | | | | | |
| | | | | | | |
| | | | | | | |
| 检查调整2挡和4挡制动器 $B_2$ | | | | | | |
| | | | | | | |
| | | | | | | |
| | | | | | | |
| | | | | | | |
| | | | | | | |
| 大众01M自动变速器行星齿轮机构的组装 | | | | | | |
| | | | | | | |
| | | | | | | |
| | | | | | | |
| | | | | | | |
| | | | | | | |
| | | | | | | |
| 课后思考 | | | | | | |

## 任务  大众01M自动变速器齿轮变速器拆装与检修评价表

| 基本信息 | 班级 | | 学号 | | 姓名 | | 组别 | |
|---|---|---|---|---|---|---|---|---|
| | 规定时间 | | 完成时间 | | 考核日期 | | 成绩 | |

| | 序号 | 步骤 | 评分标准 | 配分 | 评分 |
|---|---|---|---|---|---|
| 分解行星齿轮变速器 | 1 | 考核准备：工具、设备 | 不操作无分 | 3 | |
| | 2 | 拆卸自动变速器冷却器和加油管；拆下车速传感器和变速器转速传感器；转动半轴法兰，检查主传动转动情况 | 3项操作少1项扣2分 | 6 | |
| | 3 | 使用记号笔标记油泵，对角拆下自动变速器油泵螺栓，将螺栓（M8）拧入自动变速器油泵螺栓孔内，可将油泵从变速器壳体中压出 | 未标记扣2分，未用M8螺栓旋出扣2分 | 4 | |
| | 4 | 把带有隔离管、$B_2$制动片、弹簧、弹簧盖的所有离合器拔出 | 不操作无分 | 2 | |
| | 5 | 挂入P挡，用螺丝刀固定大太阳轮，松开小输入轴固定螺栓，拆下小输入轴上固定螺栓和调整垫圈，行星齿轮支架的推力滚针轴承留在变速器主动齿轮内 | 不操作无分；未挂入P挡扣1分；未用螺丝刀固定大太阳轮扣2分 | 5 | |
| | 6 | 依次取出小输入轴及滚针轴承、大输入轴及滚针轴承、大太阳轮 | 不操作无分 | 2 | |
| | 7 | 标记弹性挡圈，拆下隔离管、单向离合器两道弹性挡圈。用钳子从变速器壳体上取出在定位楔上的单向离合器 | 不操作无分；未标记弹性挡圈扣2分 | 4 | |
| | 8 | 取下$B_1$制动器活塞，目视检查；取出带碟形弹簧的行星齿轮支架；拆下倒挡制动器$B_1$的摩擦片，目视检查 | 少1项操作扣2分；1项未检查扣2分 | 6 | |

续表

| | 序号 | 步骤 | 评分标准 | 配分 | 评分 |
|---|---|---|---|---|---|
| 安装行星齿轮支架和主动齿轮 | 1 | 清洁变速器壳体 | 未清洁扣2分 | 2 | |
| | 2 | 将O形密封圈装入行星齿轮支架，将带垫圈的推力滚针轴承和行星齿轮支架装入主动齿轮 | 不操作无分；未将O形密封圈装入行星齿轮支架扣2分 | 3 | |
| | 3 | 将垫圈和推力滚针轴承装到行星齿轮支架的小太阳轮，使垫圈和推力滚针轴承与小太阳轮中心对齐 | 不操作无分 | 3 | |
| | 4 | 装入$B_1$的内、外片。装入压板，扁平面朝片组 | 不操作无分 | 3 | |
| | 5 | 装入碟形弹簧，凸起面朝向单向离合器，用专用工具3267张开单向离合器滚子并装上单向离合器 | 不操作无分；碟形弹簧方向错误扣1分；未用专用工具装单向离合器扣3分 | 5 | |
| | 6 | 安装单向离合器弹性挡圈b和隔离管弹性挡圈a | 不操作无分；少1道挡圈扣1分 | 2 | |
| | 7 | 安装变速器转速传感器G38。测量倒挡制动器$B_1$ | 不操作无分；少1项操作扣2分 | 4 | |
| | 8 | 将大太阳轮到小输入轴部件装入变速器壳体。安装带有垫圈和调整垫圈的小输入轴螺栓，拧紧力矩20 N·m | 不操作无分；力矩不正确扣2分 | 4 | |
| | 9 | 将$K_1$和$K_3$装入变速器内，安装调整垫片，装入倒挡离合器$K_2$ | 不操作无分；少1项操作扣2分 | 4 | |
| | 10 | 装入制动器$B_2$片组的隔离管，应使隔离管上的槽进入单向离合器的楔块 | 不操作无分；隔离管上的槽未进入单向离合器的楔块扣2分 | 2 | |
| | 11 | 安装$B_2$的制动片。先装上一个3 mm厚外片，将3个弹簧盖装入外片，插入压力弹簧，直到把最后一个外片装上，安装最后一片已测量的外片前，应先把3个弹簧盖装到压力弹簧上，装上波形弹簧热片 | 不操作无分；安装顺序不正确扣2分 | 4 | |

续表

| | 序号 | 步骤 | 评分标准 | 配分 | 评分 |
|---|---|---|---|---|---|
| 安装行星齿轮支架和主动齿轮 | 12 | 安装自动变速器油泵密封垫。将O形密封圈装到自动变速器油泵上 | 不操作无分；未装密封圈扣2分 | 2 | |
| | 13 | 安装自动变速器油泵，均匀交叉拧紧螺栓 | 不操作无分；未均匀交叉拧紧螺栓扣2分 | 3 | |
| | 14 | 测量离合器间隙 | 不操作无分 | 4 | |
| | 15 | 工具、设备整理 | 不操作无分 | 3 | |
| 安全 | | | | 4 | |
| 5S | | | | 4 | |
| 团队协作 | | | | 4 | |
| 沟通表达 | | | | 4 | |
| 工单填写 | | | | 4 | |

# 学习评价 4　自动变速器电子控制系统

## （一）理论部分

**1. 填空题**

（1）自动变速器的电子控制系统包括_____、_____和_____三大部分。

（2）自动变速器中的传感器及开关部分主要包括节气门位置传感器、_____、发动机转速传感器、_____、_____、_____、_____、强制降挡开关、制动灯开关、模式选择开关、_____等。

（3）对于电控自动变速器，自动换挡主要取决于采用_____和_____来感知发动机负荷和车速的情况。

（4）节气门位置传感器安装在_____上，用于检测_____开度的大小，并将数据传送给计算机，计算机根据此信号判断_____，从而控制自动变速器的换挡、调节主油压和对锁止离合器进行控制。

（5）车速传感器用于检测_____，自动变速器 ECU 根据车速传感器输入的信号计算出车速，并以此信号控制自动变速器的_____和_____的锁止。常见的车速传感器有_____、_____、_____三种形式。

（6）ATF（自动变速器油）温度传感器是一个_____系数的热敏电阻，随着温度升高，传感器电阻_____。

（7）多功能开关安装在变速器壳体内，_____。

（8）驻车挡/空挡起动开关有两个功用：一是给自动变速器 ECU 提供_____信息；二是保证只有变速杆置于_____位或_____位才能接通起动机的电路，起动发动机。

（9）自动变速器 ECU 的执行器主要指_____和_____。

（10）自动变速器 ECU 具有_____控制、换挡平顺性控制、_____、失效保护等功能。

**2. 选择题**

（1）装有自动变速器的轿车在正常行驶过程中，驾驶员猛踩油门踏板时（　　）。
A. 自动变速器升挡　　　　　　　　B. 自动变速器降挡
C. 液力变矩器锁止　　　　　　　　D. 自动变速器直接挡

（2）ATF 有烧焦味道时，可推测（　　）。
A. 液力变矩器烧损　　　　　　　　B. 制动带或多片离合器烧损
C. 行星齿轮磨损　　　　　　　　　D. 油路控制磨损

(3) 自动变速器增加了超速挡可以（　　）。
A. 提高发动机转速　　　　　　　　B. 降低发动机负荷
C. 提高动力性　　　　　　　　　　D. 提高经济性
(4) 在节气门全开或接近全开时，强制性地将自动变速器降低（　　）个挡位。
A. 0　　　　B. 1　　　　C. 2　　　　D. 3
(5) 当变速器处于（　　）时，驻车齿轮被锁止，点火钥匙才可拔出或插入。
A. D 挡　　　B. N 挡　　　C. R 挡　　　D. P 挡
(6) 决定自动变速器换挡时刻的主要传感器信息是车速及（　　）。
A. 节气门开度　　　　　　　　　　B. 发动机转速
C. 发动机空气流量计　　　　　　　D. 变速器输入轴的转速
(7) 自动变速器的电子控制系统，是以（　　）形式接收水温传感器信息。
A. 热敏电阻　　B. 电压　　　C. 电动势　　　D. 感应电势
(8) 在自动变速器 ECU 中，为达到顺利换挡的目的，对换挡阀的控制是采用（　　）。
A. 单向节流阀　　　　　　　　　　B. 开关式电磁阀
C. 脉冲宽度可调式电磁阀　　　　　D. 占空比固定式电磁阀
(9) 检查自动变速器的起动挡位开关时，技师甲说除 P 挡和 N 挡外，开关均打开；技师乙说当挡位处于 P 挡和 N 挡以外的其他挡位时亦可起动发动机。请问谁的说法正确？（　　）。
A. 甲正确　　　B. 乙正确　　　C. 都正确　　　D. 都不正确
(10) 当将电控自动变速器上的电磁阀插头拔下时，车辆（　　）。
A. 仍可手动换挡　　　　　　　　　B. 发动机可以起动，但车辆不能行驶
C. R 挡变成第一挡，产生最大的起动转矩　　D. 不能起动发动机

**3. 判断题**

(1) 装有自动变速器的汽车在高速公路上行驶时，起步时应由 L 挡逐渐向 D 挡换挡。（　　）
(2) 具有"行驶模式"选择的自动变速器 ECU，在上坡时应使用"动力模式"。（　　）
(3) 不能在发动机运转时拔下自动变速器任何传感器的插头。（　　）
(4) 自动变速器 ECU 的换挡电磁阀直接由阀体搭铁，ECU 控制其工作电源。（　　）
(5) 当选挡手柄位于 R、N 位置时，可以起动发动机。（　　）
(6) ATF 温度传感器随着温度升高，传感器电阻变大。（　　）
(7) 只要车速高于规定值，锁止离合器就可以工作。（　　）
(8) 只要故障灯常亮，发动机或者自动变速器就可能有故障。（　　）
(9) 往输入（输出）轴上安装 O 形密封圈时，应小心，不要损坏。安装前，可以用汽油、润滑油、齿轮油或制动液等进行润滑。（　　）
(10) 电磁阀都可以用蓄电池直接通电，检查是否有工作响声。（　　）

**4. 简答题**

(1) 自动变速器电子控制系统由哪几部分组成？各组成部分分别包括哪些元件？
(2) 节气门位置传感器有何功用？简述其结构与工作原理。

（3）简述电磁式车速传感器的结构与工作原理。
（4）自动变速器中常用的电磁阀有哪些类型？各有什么特点？
（5）自动变速器的换挡模式主要有几种？
（6）简述 CAN 通信总线的检测方法。
（7）简述如何读取自动变速器故障码、数据流。

## （二）技能部分

**任务　电子控制系统检修与故障诊断作业记录单**

| 基本信息 | 班级 | | 姓名 | | 学号 | |
|---|---|---|---|---|---|---|
| | 设备型号 | | 任务名称 | | 日期 | |
| 电子控制系统部件的检测 | 检修项目 | | | 检修结果 | | |
| | | | | | | |
| | | | | | | |
| | | | | | | |
| | | | | | | |
| | | | | | | |
| 故障码的读取与清除 | 步骤 | | | | | |
| | | | | | | |
| | | | | | | |
| | | | | | | |
| | | | | | | |
| 故障码分析 | | | | | | |
| 读取数据流 | 步骤 | | | 数据流 | | |
| | | | | | | |
| | | | | | | |
| | | | | | | |
| | | | | | | |
| 课后思考 | | | | | | |

## 任务　电子控制系统检修与故障诊断评价表

| 基本信息 | 姓名 | | 学号 | | 班级 | | 组别 | |
|---|---|---|---|---|---|---|---|---|
| | 规定时间 | | 完成时间 | | 考核日期 | | 总评成绩 | |
| 任务工单 | 序号 | 步骤 | | 评分标准 | | 配分 | | 评分 |
| | 1 | 考核准备：材料、工具、设备 | | 不操作无分 | | 10 | | |
| | 2 | 节气门体的检修 | | 未用万用表检查扣 5 分；检测位置不准确扣 5 分 | | 10 | | |
| | 3 | ATF 温度传感器的检测 | | 未用万用表检查扣 5 分；检测位置不准确扣 5 分 | | 10 | | |
| | 4 | 输入轴（输出轴）转速传感器的检测 | | 未用万用表检查扣 5 分；检测位置不准确扣 5 分 | | 10 | | |
| | 5 | 故障码的读取与清除 | | 操作步骤不准确扣 10 分 | | 10 | | |
| | 6 | 读取数据流 | | 操作步骤不准确扣 10 分 | | 10 | | |
| | 7 | 故障分析 | | | | 10 | | |
| | 8 | 整理工具、整理场地 | | | | 5 | | |
| 安全 | | | | | | 5 | | |
| 5S | | | | | | 5 | | |
| 团队协作 | | | | | | 5 | | |
| 沟通表达 | | | | | | 5 | | |
| 工单填写 | | | | | | 5 | | |

# 学习评价 5　自动变速器液压控制系统

## （一）理论部分

**1. 填空题**

（1）自动变速器液压控制系统基本由_____、_____和_____三大部分组成。

（2）常用的油泵有_____、_____和_____形式。

（3）叶片泵是由_____、_____、_____和_____等组成的。

（4）_____将油泵输出压力精确调节到所需值后再输入主油路。

（5）_____阀决定锁止离合器是否锁止。

（6）_____阀用于稳定变矩器工作和润滑的油压。

**2. 选择题**

（1）当讨论液力系统时，技师甲说变速器的油泵是液力系统的动力源；技师乙说液力系统也保持液力变矩器有一定油压。请问谁的说法是正确的？（　　）

A. 甲正确　　　　　B. 乙正确　　　　　C. 两人均正确　　　D. 两人均不正确

（2）当讨论手动换挡阀时，技师甲说选挡杆和联动装置带动变速器内的手动换挡阀；技师乙说手动换挡阀位于阀体中，由节气门踏板间接带动。请问谁的说法是正确的？（　　）

A. 甲正确　　　　　B. 乙正确　　　　　C. 两人均正确　　　D. 两人均不正确

（3）在电控自动变速器的控制系统中，反映发动机负荷的传感器是（　　）。

A. 发动机转速传感器　　　　　　　B. 节气门位置传感器
C. 进气温度　　　　　　　　　　　D. 进气歧管绝对压力传感器

（4）避免自动变速器产生频繁换挡的简单方法是（　　）。

A. 保持油门踏板不变，把换挡手柄改换到高速挡
B. 保持油门踏板不变，把换挡手柄改换到低速挡
C. 保持原有挡位，踩下油门踏板
D. 保持原有挡位，抬起油门踏板

（5）在讨论油泵的拆卸时，甲说某些变速器拆下变矩器壳后，用手可直接将油泵拔出；乙说必须用两根螺栓将油泵顶出。请问谁的说法是正确的？（　　）

A. 甲正确　　　　　B. 乙正确　　　　　C. 两人均正确　　　D. 两人均不正确

（6）甲说油泵被变矩器驱动毂驱动。乙说油泵被变矩器导轮间接驱动。请问谁的说法是正确的？（　　）

A. 甲正确　　　　　B. 乙正确　　　　　C. 两人均正确　　　D. 两人均不正确

（7）当讨论阀体时，技师甲说阀体根据真空度信号确定换挡的最佳时机；技师乙说阀体的动作都由电磁阀控制。谁的说法是正确的？（  ）

A. 甲正确　　　　　　B. 乙正确　　　　　　C. 两人均正确　　　　D. 两人均不正确

（8）当倒挡时，可通过增压阀增大主油压力，满足负荷增大的需求。

A. 手动阀　　　　　　B. 换挡平顺控制阀　　C. 高挡供油阀　　　　D. 增压阀

3. 判断题

（1）可目视检查驱动油泵的轴套缺口有无损伤。（    ）

（2）检查从动齿轮与泵体之间的间隙，间隙过大，主油路油压会降低。但是检查油泵主动齿轮与月牙形隔板之间的间隙，间隙过大，主油路油压会升高。（    ）

（3）若检查的间隙超过规定，应更换油泵，注意在装配油泵时，必更换所有密封圈。（    ）

（4）节气门开度越大，主油压越大。（    ）

（5）倒挡主油压高于前进挡主油压。（    ）

（6）在汽车行驶时，自动变速器升挡的瞬间，车身有明显的冲击现象，称为自动变速器换挡冲击。（    ）

（7）在正常情况下，自动变速器在换挡的瞬时都要升高油压的目的是防止发动机功率降低引起离合器打滑。（    ）

（8）油泵故障将会对整个自动变速器液压控制系统产生影响，因为主油路油压不正确会导致整个系统工作不正常。（    ）

4. 问答题

（1）主油压调节阀的作用是什么？

（2）液力变矩器控制阀的作用及其工作原理是什么？

（3）简述01N自动变速器液压控制阀中$N_{88}$和$K_1$离合器换挡阀的工作原理。

（4）简述01N自动变速器一挡油路分析。

### （二）技能部分

#### 任务5.1　油泵的拆装与检修作业记录单

| 基本信息 | 班级 | | 姓名 | | 学号 | |
|---|---|---|---|---|---|---|
| | 设备型号 | | 任务名称 | | 日期 | |
| 油泵拆装 | 拆装步骤 | | | 拆下部件名称 | | |
| | | | | | | |
| | | | | | | |
| | | | | | | |
| | | | | | | |
| | | | | | | |

续表

| 油泵拆装 | 拆装步骤 | 拆下部件名称 |
|---|---|---|
| | | |
| | | |
| | | |
| 油泵检查 | 检修项目 | 检修结果 |
| | 检查油泵壳体是否有磨损 | |
| | 检查从动齿轮与月牙板之间的间隙 | |
| | 检查主动齿轮与月牙板之间的间隙 | |
| | 检查从动齿轮与泵体之间的间隙 | |
| | 检查齿轮端面与泵盖之间的间隙 | |
| | 检查油泵主动齿轮和从动齿轮有无破损 | |
| | 检查泵体衬套内径 | |
| | 检查泵盖定子轴衬套内径 | |
| 课后思考 | | |

## 任务 5.1　油泵的拆装与检修评价表

| 基本信息 | 班级 | | 学号 | | 姓名 | | 组别 | |
|---|---|---|---|---|---|---|---|---|
| | 规定时间 | | 完成时间 | | 考核日期 | | 成绩 | |

| | 序号 | 步骤 | 评分标准 | 配分 | 评分 |
|---|---|---|---|---|---|
| 任务工单 | 1 | 考核准备：工具、设备 | 不操作无分 | 5 | |
| | 2 | 检查油泵壳体是否有磨损 | 不操作无分 | 5 | |
| | 3 | 检查从动齿轮与月牙板之间的间隙 | 未用塞尺检查扣5分 | 10 | |
| | 4 | 检查主动齿轮与月牙板之间的间隙 | 未用塞尺检查扣5分 | 10 | |
| | 5 | 检查从动齿轮与泵体之间的间隙 | 未用塞尺检查扣5分 | 5 | |
| | 6 | 检查齿轮端面与泵盖之间的间隙 | 未用塞尺、刀口尺检查扣5分 | 10 | |
| | 7 | 检查油泵主动齿轮和从动齿轮有无破损 | 不操作无分 | 5 | |

续表

| 任务工单 | 序号 | 步骤 | 评分标准 | 配分 | 评分 |
|---|---|---|---|---|---|
| | 8 | 检查泵体衬套内径 | 未用百分表检查扣5分 | 10 | |
| | 9 | 检查泵盖定子轴衬套内径 | 未用百分表检查扣5分 | 10 | |
| | 10 | 整理工具、整理场地 | 不操作无分 | 5 | |
| 安全 | | | | 5 | |
| 5S | | | | 5 | |
| 团队协作 | | | | 5 | |
| 沟通表达 | | | | 5 | |
| 工单填写 | | | | 5 | |

## 任务5.2　自动变速器阀体的拆装与检修作业记录单

| 基本信息 | 班级 | | 姓名 | | 学号 | |
|---|---|---|---|---|---|---|
| | 设备型号 | | 任务名称 | | 日期 | |

| 阀体拆装 | 拆装步骤 | 拆下部件名称、作用 |
|---|---|---|
| | | |
| | | |
| | | |
| | | |
| | | |
| | | |
| | | |

| 阀体检查 | 检修项目 | 检修结果 |
|---|---|---|
| | 检查滤油器是否有损坏或堵塞 | |
| | 检查阀体上是否有裂纹和变形 | |
| | 检查隔板不应有较大的变形,观察各油孔处应圆滑不漏光 | |
| | 检查柱塞是否卡滞 | |
| | 检查控制阀阀芯表面 | |
| | 检查弹簧的自由长度和直径 | |

| 课后思考 | |
|---|---|
| | |

## 任务 5.2 自动变速器阀体的拆装与检修评价表

| 基本信息 | 班级 | | 学号 | | 姓名 | | 组别 | |
|---|---|---|---|---|---|---|---|---|
| | 规定时间 | | 完成时间 | | 考核日期 | | 成绩 | |
| 任务工单 | 序号 | 步骤 | | 评分标准 | | 配分 | | 评分 |
| | 1 | 考核准备：工具、设备 | | 不操作无分 | | 5 | | |
| | 2 | 检查滤油器是否有损坏或堵塞 | | 不操作无分 | | 5 | | |
| | 3 | 检查阀体上是否有裂纹和变形 | | 不操作无分 | | 10 | | |
| | 4 | 检查隔板不应有较大的变形，观察各油孔处应圆滑不漏光 | | 不操作无分 | | 10 | | |
| | 5 | 检查柱塞是否卡滞 | | 不操作无分 | | 10 | | |
| | 6 | 检查控制阀阀芯表面 | | 不操作无分 | | 10 | | |
| | 7 | 检查弹簧的自由长度和直径 | | 未用游标卡尺检查扣 5 分 | | 10 | | |
| | 8 | 检查滤油器是否有损坏或堵塞 | | 不操作无分 | | 10 | | |
| | 9 | 整理工具、整理场地 | | 不操作无分 | | 5 | | |
| 安全 | | | | | | 5 | | |
| 5S | | | | | | 5 | | |
| 团队协作 | | | | | | 5 | | |
| 沟通表达 | | | | | | 5 | | |
| 工单填写 | | | | | | 5 | | |

# 学习评价6　自动变速器性能试验与常见故障诊断

## （一）理论部分

**1. 填空题**

（1）自动变速器工作性能的好坏与使用寿命长短主要取决于ATF的_____，若油品质变差，则极易出现磨损，影响系统油压，_____，严重影响部件的使用寿命。

（2）清洗自动变速器油底壳中的磁铁后，将油底壳放回_____。

（3）自动变速器基本检查具体项目包括：变速器漏油检查、_____、节气门拉线检查和调整、_____、驻车/空挡位置（P/N）开关检查与调整、_____等。

（4）ATF液面过高，会导致离合器和制动器_____和_____。

（5）节气门开度将影响自动变速器的换挡时间，发动机熄火后，节气门应_____，当节气门踏板踩到底时，节气门应_____。

（6）将变速杆拨至各个挡位，检查挡位指示灯与变速杆位置是否_____、P位和N位时发动机能否_____，R位时倒挡灯是否_____。

（7）发动机正常的温度时，检查发动机怠速转速一般为_____ r/min。若怠速过低，挡位转换时，将引起_____，甚至导致发动机_____。若怠速过高，易产生_____。

（8）自动变速器的性能测试项目主要包括_____、_____、_____、_____和手动换挡试验等。

**2. 选择题**

（1）自动变速器失速试验时的失速点是指（　　）。
A. 泵轮停转时的导轮状态　　　　　　　B. 涡轮停转时的泵轮状态
C. 导轮停转时的涡轮状态　　　　　　　D. 涡轮停转时的导轮状态

（2）失速试验是自动变速器的一项重要试验，下列属于其规范要求的是（　　）。
A. 加速踏板要踩到底　　　　　　　　　B. 试验运行时间应保持在10 s以上
C. 加速踏板踩下程度稳定在2/3位置　　 D. 标准转速在3 000 r/min以上

（3）某自动变速器出现换挡延迟的故障，造成此故障的原因可能是（　　）。
A. 行星齿轮部件的磨损　　　　　　　　B. 发动机怠速不良
C. 阀体内的滑阀黏着　　　　　　　　　D. 发动机真空度过低

（4）如果自动变速器油液呈乳白色，说明（　　）。
A. 发动机冷却液已渗漏到自动变速器油液中

B. 自动变速器油液中混合有空气
C. 自动变速器油液过热
D. 自动变速器油液中杂质过多

（5）通过对自动变速器的主液压测试，可判断多种故障产生的原因，但不检测（　　）。
　　A. 起步冲击　　　　　　　　　　　　B. 倒挡拖滞
　　C. 换挡阀的泄漏　　　　　　　　　　D. 换挡冲击

（6）某自动变速器失速转速达到 2 900～3 100 r/min，变速器的工作状况可能是（　　）。
　　A. 性能基本正常　　　　　　　　　　B. 变矩器锁止离合器损坏
　　C. 制动带或离合器打滑　　　　　　　D. 导轮单向离合器有故障

（7）自动变速器挡在 D 位进行失速试验时，转速高于规定值，其原因之一是（　　）。
　　A. 主油道油压太高　　　　　　　　　B. 直接挡离合器打滑
　　C. 第一挡和倒挡制动器打滑　　　　　D. 第二挡单向离合器工作异常

（8）失速试验时自动变速器在 D、R 挡位下的失速转速都过高，其原因是（　　）。
　　A. 发动机动力不足　　　　　　　　　B. 主油路油压过低
　　C. 前进挡和倒挡的换挡执行元件打滑　D. 油量不足

### 3. 判断题

（1）自动变速器油尺上刻有分别针对冷态、温态和热态的油液满量程高度标记。（　　）

（2）自动变速器从 N 位换至 D 位时滞时间小于 3 s，从 N 位换至 R 位时滞时间小于 4 s。（　　）

（3）自动变速器手动换挡试验的目的是确定故障存在的部位，区分故障是由机械、液压系统还是由电子控制系统引起的。（　　）

（4）自动变速器换挡质量的检查内容主要是检查有无换挡冲击。（　　）

（5）检查自动变速器有无发动机制动作用时，应将变速杆拨至前进高挡 D 位置。（　　）

（6）道路试验是对汽车自动变速器性能的最终检验，检验内容侧重于换挡点、换挡冲击、振动、噪声和打滑等现象。（　　）

（7）自动变速器时滞试验时，时间过长，说明离合器片间和制动带鼓间隙过大（磨损严重）或控制油压过高。（　　）

（8）失速试验时，从加速踏板踩下到松开的整个过程的时间不得超过 5 s。（　　）

### 4. 简答题

（1）自动变速器基本检查具体项目有哪些？
（2）自动变速器的性能测试项目有哪些？
（3）简述自动变速器失速试验的步骤。
（4）简述自动变速器时滞试验的步骤。

## （二）技能部分

### 任务6.1　自动变速器基本检查作业记录单

| 基本信息 | 班级 | | 姓名 | | 学号 | |
|---|---|---|---|---|---|---|
| | 设备型号 | | 任务名称 | | 日期 | |

| | 检查项目 | 检修结果 |
|---|---|---|
| 自动变速器基本检查 | 各仪表工作状况检查 | |
| | 发动机怠速/(r·min$^{-1}$) | |
| | 发动机最高转速/(r·min$^{-1}$) | |
| | 换挡杆位置检查 | |
| | 自动变速器是否漏油 | |
| | ATF平面的检查 | |
| | ATF品质的检查 | |
| | ATF集滤器的更换 | |
| | 集滤器密封圈的更换 | |
| 课后思考 | | |

### 任务6.1　自动变速器基本检查评价表

| 基本信息 | 班级 | | 学号 | | 姓名 | | 组别 | |
|---|---|---|---|---|---|---|---|---|
| | 规定时间 | | 完成时间 | | 考核日期 | | 成绩 | |

| | 序号 | 步骤 | 评分标准 | 配分 | 评分 |
|---|---|---|---|---|---|
| 任务工单 | 1 | 考核准备：工具、设备 | 不操作无分 | 5 | |
| | 2 | 各仪表工作状况检查 | 不操作无分 | 5 | |
| | 3 | 发动机怠速/(r·min$^{-1}$) | 不操作无分 | 5 | |
| | 4 | 发动机最高转速/(r·min$^{-1}$) | 不操作无分 | 5 | |
| | 5 | 换挡杆位置检查 | 不操作无分 | 10 | |
| | 6 | 自动变速器是否漏油 | 不操作无分 | 10 | |
| | 7 | ATF平面的检查 | 不操作无分 | 10 | |
| | 8 | ATF品质的检查 | 不操作无分 | 10 | |
| | 9 | ATF集滤器的更换 | 不操作无分 | 10 | |
| | 10 | 整理工具、整理场地 | 不操作无分 | 5 | |

续表

| | | | |
|---|---|---|---|
| 安全 | | 5 | |
| 5S | | 5 | |
| 团队协作 | | 5 | |
| 沟通表达 | | 5 | |
| 工单填写 | | 5 | |

## 任务 6.2　自动变速器性能测试作业记录单

| 基本信息 | 班级 | | 姓名 | | 学号 | |
|---|---|---|---|---|---|---|
| | 设备型号 | | 任务名称 | | 日期 | |
| 失速试验 | 试验步骤 ||||||
| | | | | | | |
| | | | | | | |
| | | | | | | |
| | 实验结果分析： ||||||
| 时滞试验 | 试验步骤 ||||||
| | | | | | | |
| | | | | | | |
| | | | | | | |
| | 实验结果分析： ||||||
| 道路试验 | 试验步骤 ||||||
| | | | | | | |
| | | | | | | |
| | | | | | | |
| | 实验结果分析： ||||||
| 课后思考 | ||||||

## 任务6.2 自动变速器性能测试评价表

| 基本信息 | 班级 | | 学号 | | 姓名 | | 组别 | |
|---|---|---|---|---|---|---|---|---|
| | 规定时间 | | 完成时间 | | 考核日期 | | 成绩 | |
| 任务工单 | 序号 | 步骤 | | 评分标准 | | 配分 | | 评分 |
| | 1 | 考核准备：工具、设备 | | 不操作无分 | | 5 | | |
| | 2 | 各仪表工作状况检查 | | 不操作无分 | | 5 | | |
| | 3 | 发动机怠速/(r·min$^{-1}$) | | 不操作无分 | | 10 | | |
| | 4 | 发动机最高转速/(r·min$^{-1}$) | | 不操作无分 | | 10 | | |
| | 5 | 失速试验 | | 不操作无分 | | 10 | | |
| | 6 | 时滞试验 | | 不操作无分 | | 10 | | |
| | 7 | 油压试验 | | 不操作无分 | | 10 | | |
| | 8 | 道路试验 | | 不操作无分 | | 10 | | |
| | 9 | 整理工具、整理场地 | | 不操作无分 | | 5 | | |
| 安全 | | | | | | 5 | | |
| 5S | | | | | | 5 | | |
| 团队协作 | | | | | | 5 | | |
| 沟通表达 | | | | | | 5 | | |
| 工单填写 | | | | | | 5 | | |

# 学习评价 7　双离合自动变速器

## （一）理论部分

**1. 填空题**

（1）大众湿式双离合器变速器_____前进挡和_____倒挡，能承受最大扭矩_____。

（2）大众干式双离合器变速器_____前进挡和_____倒挡，能承受最大扭矩_____。

（3）大众 0AM 双离合自动变速器主要由_____、_____、_____、_____等组成。

（4）双质量飞轮分为_____和_____两部分。

（5）液压泵单元位于机电控制模块里，它包含_____和_____。

（6）大众 0AM 电子控制单元液压控制并调节_____电磁阀，用于_____。

（7）双离合器变速器使用两种机油，一套用于_____，另一套用于_____。

**2. 选择题**

（1）双离合器自动变速器英文名称（　　）。
A. DCT　　　　　B. AT　　　　　C. AMT　　　　　D. CVT

（2）0AM 有（　　）根输出轴。
A. 1　　　　　B. 2　　　　　C. 3　　　　　D. 4

（3）温度传感器用来检测机电控制单元的温度，高于（　　）时，降低发动机扭矩。
A. 119 ℃　　　　B. 139 ℃　　　　C. 159 ℃　　　　D. 169 ℃

（4）（　　）检测驱动轴 1 上的脉冲轮，用来计算驱动轴 1 的转速。
A. 变速器输出转速传感器　　　　　B. 变速器输入转速传感器
C. 换挡器位移传感器　　　　　　　D. 换挡器位移传感器

（5）当液压泵关闭时，（　　）可为液压系统提供机油压力。
A. 蓄压器　　　　B. 离合器　　　　C. 制动器　　　　D. 压力阀

（6）机械式变速器各轴和齿轮的供油方式和其他普通手动变速器一样，机械式变速器的机油加注量为（　　）。
A. 1.5 L　　　　B. 1.7 L　　　　C. 2.7 L　　　　D. 3.5 L

（7）控制到离合器操控器机油容量的是（　　）。
A. 换挡电磁阀　　　　　　　　　　B. 离合器操控器电磁阀

C. 齿轮副压力控制电磁阀　　　　　　　　　D. 蓄压器

**3. 判断题**

（1）当车辆行驶时，两个离合器中只有一个处于接合状态，它们不能同时工作。（　　）

（2）双离合自动变速器三个输出轴都和差速器主传动齿轮连接。（　　）

（3）驻车锁止器用于确保驻车稳定，并在手制动器没有拉起的情况下防止车轮不经意的滑动。（　　）

（4）变速器输入转速传感器都位于机电控制单元内。（　　）

（5）如果变速器输入转速传感器发生故障，车辆无法行驶。（　　）

（6）大众0AM双离合自动变速器使用两种机油，并在两套独立的机油循环管路中进行运作。（　　）

（7）换挡电磁阀控制到换挡器的机油容量。（　　）

**4. 问答题**

（1）概述干式双离合器的基本工作原理。

（2）概述大众0AM机电控制单元中各传感器的名称、位置及作用。

（3）概述大众0AM机电控制单元中各执行元件的名称、位置及作用。

## （二）技能部分

**任务 7.1　在台架上进行大众0AM双离合自动变速器中双离合器的更换作业记录单**

| 基本信息 | 班级 | | 姓名 | | 学号 | |
|---|---|---|---|---|---|---|
| | 设备型号 | | 任务名称 | | 日期 | |
| 双离合器的更换 | 更换步骤 | | | 更换部件名称 | | |
| | | | | | | |
| | | | | | | |
| | | | | | | |
| | | | | | | |
| | | | | | | |
| | | | | | | |
| | | | | | | |
| 课后思考 | | | | | | |

## 任务 7.1　在台架上进行大众 0AM 双离合自动变速器中双离合器的更换评价表

| 基本信息 | 班级 | | 学号 | | 姓名 | | 组别 | |
|---|---|---|---|---|---|---|---|---|
| | 规定时间 | | 完成时间 | | 考核日期 | | 成绩 | |
| 任务工单 | 序号 | 步骤 | | 评分标准 | | 配分 | | 评分 |
| | 1 | 考核准备：工具、设备 | | 不操作无分 | | 5 | | |
| | 2 | 拆下毂盘卡环，用钩子和一字螺丝刀拆下毂盘 | | 未用工具拆卸扣3分 | | 5 | | |
| | 3 | 拆下卡环，将支承套筒安装到输入轴上 | | 不操作无分 | | 5 | | |
| | 4 | 安装拉具并将工具顺时针旋转到止位，拧紧拉具上的丝杆，将双离合器向上拉出 | | 不操作无分 | | 5 | | |
| | 5 | 将小分离轴承和调整垫片一起拆下，再拆下大分离杠杆 | | 不操作无分 | | 5 | | |
| | 6 | 拆下小分离杠杆和固定卡子，拆下分离杠杆的塑料定位件 | | 不操作无分 | | 5 | | |
| | 7 | 安装分离杠杆的塑料定位件，安装小分离杠杆和固定卡子，拧紧力矩为 8 N·m，继续拧紧90° | | 不操作无分；力矩不正确扣3分 | | 5 | | |
| | 8 | 安装大分离杠杆，检查两个杠杆是否安装到位 | | 不操作无分；未检查扣2分 | | 5 | | |
| | 9 | 安装小分离轴承及测量后选择的调整垫片 $K_2$，转动检查小分离轴承是否安装到位 | | 不操作无分；未检查扣2分 | | 5 | | |
| | 10 | 用拉具将双离合安装到变速器内，取出拉具按压双离合器 | | 不操作无分 | | 5 | | |
| | 11 | 安装支承架和装配工具，要求支承架与变速器法兰平行，用工具拧紧丝杠到合适位置 | | 不操作无分 | | 10 | | |
| | 12 | 安装卡环，按标记装入毂盘，安装毂盘卡环，使卡环的开口朝向毂盘较大的标记齿 | | 不操作无分；卡环开口位置不正确扣3分 | | 5 | | |
| | 13 | 旋转双离合器，应转动自如 | | 不操作无分 | | 5 | | |
| | 14 | 整理工具、整理场地 | | 不操作无分 | | 5 | | |

续表

| | | |
|---|---|---|
| 安全 | 5 | |
| 5S | 5 | |
| 团队协作 | 5 | |
| 沟通表达 | 5 | |
| 工单填写 | 5 | |

### 任务 7.2　大众 0AM 双离合自动变速器机电控制单元的更换作业记录单

| 基本信息 | 班级 | | 姓名 | | 学号 | |
|---|---|---|---|---|---|---|
| | 设备型号 | | 任务名称 | | 日期 | |
| 机电控制单元的更换 | 更换步骤 | | | 更换部件名称 | | |
| | | | | | | |
| | | | | | | |
| | | | | | | |
| | | | | | | |
| | | | | | | |
| | | | | | | |
| | | | | | | |
| | | | | | | |
| 课后思考 | | | | | | |

### 任务 7.2　大众 0AM 双离合自动变速器机电控制单元的更换评价表

| 基本信息 | 班级 | | 学号 | | 姓名 | | 组别 | |
|---|---|---|---|---|---|---|---|---|
| | 规定时间 | | 完成时间 | | 考核日期 | | 成绩 | |
| 任务工单 | 序号 | 步骤 | | 评分标准 | | 配分 | | 评分 |
| | 1 | 考核准备：工具、设备 | | 不操作无分 | | 2 | | |
| | 2 | 将换挡杆置于位置"P"，用诊断仪将所有换挡活塞移动至"空挡"位置 | | 不操作无分 | | 3 | | |

续表

| | 序号 | 步骤 | 评分标准 | 配分 | 评分 |
|---|---|---|---|---|---|
| 任务工单 | 3 | 拆卸空气滤清器壳体总成，蓄电池及其支架 | 不操作无分 | 5 | |
| | 4 | 拔出变速器的通气塞，并用合适的堵头进行密封，以免泄漏变速器油 | 不操作无分；未用合适的堵头进行密封扣2分 | 3 | |
| | 5 | 松开机电控制单元的连接插头，并拔出 | 不操作无分 | 3 | |
| | 6 | 举升汽车，拆卸车辆底部护板 | 不操作无分 | 5 | |
| | 7 | 排空齿轮油，然后安装放油螺栓，拧紧力矩为30 N·m | 不操作无分；力矩不正确扣3分 | 5 | |
| | 8 | 从机电控制单元下部线束固定支架上脱开氧传感器插头 | 不操作无分 | 2 | |
| | 9 | 拆下机电控制单元线束固定支架，用一字起松开变速器壳体的变速器输入转速传感器 | 不操作无分 | 2 | |
| | 10 | 在分离杠杆右侧，插入分离杆，直至分离杆的凹槽与壳体的凸筋平齐，逆时针旋转分离杆，这样按压就会使分离杠杆与活塞杆分离 | 不操作无分；未使分离杠杆与活塞杆分离扣3分 | 5 | |
| | 11 | 用对角的方式旋出机电控制单元固定螺栓，其他螺栓不准动，取下机电控制单元 | 不操作无分；拧错一个螺栓扣1分 | 5 | |
| | 12 | 确保所有换挡拨叉都处于"空挡位置" | 不操作无分 | 2 | |
| | 13 | 清洁机电控制单元上的密封接触面，用手旋入导向销，将所有换挡活塞都凸出25 mm | 不操作无分；未清洁扣2分；换挡活塞凸出位置不正确扣3分 | 5 | |
| | 14 | 安装机电控制单元，安装时应确保不会将换挡拨叉意外地移动，装入新固定螺栓并用手拧紧，对角交替拧紧机电控制单元的固定螺栓，拧紧力矩为10 N·m | 不操作无分；力矩不正确扣3分 | 5 | |

续表

| | 序号 | 步骤 | 评分标准 | 配分 | 评分 |
|---|---|---|---|---|---|
| 任务工单 | 15 | 顺时针方向旋转并拆下分离杆 | 不操作无分 | 3 | |
| | 16 | 安装变速器输入转速传感器,拆下堵头,并装上变速器通气管 | 不操作无分 | 5 | |
| | 17 | 装上机电控制单元的连接插头,安装机电控制单元前部的线束固定支架,拧紧螺栓力矩为6 N·m | 不操作无分;力矩不正确扣3分 | 5 | |
| | 18 | 连接插头,并装到线束固定支架上,安装空气滤清器壳体总成,连接蓄电池,安装车辆底部隔音板 | 不操作无分 | 5 | |
| | 19 | 使用诊断仪进行"执行基础设定" | 不操作无分 | 2 | |
| | 20 | 整理工具、整理场地 | 不操作无分 | 3 | |
| 安全 | | | | 5 | |
| 5S | | | | 5 | |
| 团队协作 | | | | 5 | |
| 沟通表达 | | | | 5 | |
| 工单填写 | | | | 5 | |

定价：39.00元